街場の天皇論

内田樹
Tatsuru Uchida

東洋経済新報社

はじめに

みなさん、こんにちは。内田樹です。

今回は「天皇論」です。

タイトルを見て意外の感に打たれた方も多かったと思います。僕だって、まさか自分がこんなタイトルの本を出すことになるとは思っていませんでした。

ずいぶん前にある出版社から「中高生でもわかる天皇論」を書いてくれないかという申し出がありました。十代の少年少女たちにもわかるように、噛んで含めるように天皇制の歴史と機能について説明するというのは、なかなか面白そうな企画に思えました。そういうふうにものごとの根源に立ち返って、制度文物の成り立ちについて考えるという作業は僕をとても高揚させますから。残念ながら、そのときは他の仕事が忙しく、「そのうちに……」と言っているうちに企画そのものが立ち消えになってしまいました。

そのまま天皇論のことはすっかり忘れておりましたけれど、先日、東洋経済新報社の渡辺智顕さんが「内田さん、天皇制について、もうずいぶんな分量をあちこちに書いてますよ」と教えてくれました。送られたゲラを見たら、たしかに本一冊分くらいありました。政局にかかわるものもありますし、原理的な考察もありますし、「天皇制を下支えする大衆的なエートス」についてのエッセイもあり、各種さまざまです。これらを「天皇論」というカテゴリーに集約したのは編集の渡辺さんのご判断です。最初は「どうして、こんなエッセイが『天皇論』に含まれるんだろう……」と思ったものも二、三ありましたけれど、ゲラを通読してみると、「唐揚げの横にアスパラ」みたいな感じで濃淡や触感や色味に配慮して配列したことがわかりました。この場を借りて、渡辺さんの手際のよい「料理」に敬意と感謝を申し上げます。

重ねて申し上げますが、本書の中ではっきり「天皇論」と銘打てるようなモノグラフは2016年8月の天皇陛下の「おことば」をめぐるいくつかの文章だけです。その時期にはさまざまな媒体から「『おことば』をどう受け止めましたか?」というインタビューがあり、それに答えたものを本書にはだいたい全部採録しました。短期間に同一の主題で受けたインタビューや寄稿ですから、これらが「同工異曲」というよりほとんど「同工同曲」

であることをあらかじめお詫びしておきます。

ただ、この時の「おことば」をめぐる議論を振り返ると、今の日本の天皇制をめぐる特異な言説状況が俯瞰《ふかん》できることは確かです。ご記憶でしょうけれど、国民の多くは「おことば」を天皇の真率な意思表示として共感をもって受け止めましたが、安倍政権は苦い顔をして天皇の退位の意思表示を受け止め、陛下の要望に反する有識者会議の報告を以てこれに報いました。「天皇は政治的発言をすべきではない」という原理的な立場から、これを手厳しく批判した人たちは保守派にもリベラル派にもおりました。その中にあって、「おことば」は憲法の範囲内で天皇の霊的使命を明文化しようとした画期的な発言であり、これを奇貨として古代に淵源を持つ天皇制と近代主義的な立憲デモクラシーの「共生」のかたちについて熟考するのは国民の義務であり権利でもあるというふうに考えたものは少数にとどまりました。僕はこの少数派の立場にあります。

もちろん、どの考え方がよくてどれが悪いということはありません。天皇制の問題は手際よく「正解」を探し出してきて、ささっと「けりをつける」ことができるものではないからです。天皇制と立憲デモクラシーの「共生」の仕方については正解はありません。世界で日本にしかない制度なんですから、「成功事例」をよそからひっぱってきて、それを模倣するというわけにはゆきません。

たしかに（まことに幸いなことに）戦後70年余、天皇制が政治的不安定や秩序壊乱の原因になることはありませんでした。「天皇の名」による政治的弾圧もテロもありませんでした。けれども、それは日本国民が天皇制について熟慮し、国民的に合意した精妙な手立てによって天皇制を制御してきたからではありません。実際のところ、日本国民は天皇制については何もしなかった。深く考えないままに放置していただけです。ですから、戦後日本国民のやってきたことを天皇制の「成功例」と言い張ることには無理があります。はっきり言って、日本国民は戦後72年間、天皇制と立憲デモクラシーをどう「すり合わせるか」について真剣に、深い議論をしたことが一度もありませんでした。憲法に「天皇は、日本国の象徴であり日本国民統合の象徴」であると記され、国事行為のリストがあることに満足して、それ以上天皇制について考察を深めることなどしなかった。

それでも何も起こらなかったのは単に「幸運」だったからであって、日本国民の努力の成果ではありません。

ですから、僕は陛下の「おことば」は日本人が天皇制について根源的に考えるための絶好の機会を提供してくれたものと、感謝の気持ちを以て受け止めました。国民が考える仕事を怠っていたので、天皇陛下の方から「たいせつな制度なんですから、皆さんもきちんと考えてください」とボールを投げてくれた。

この「ボール」をどう受け止めるか、それについては、いろいろな受け止め方があると思います。あって当然です。ですから、受け止めた人たちは、それぞれが自分の思いを語り、ひとりひとりその理のあるところを説けばいい。「天皇制はかくあるべき」という一般解はありません。「私の語ることが一般解だ」と言い立てている人はもちろんいますが、繰り返し言うように「立憲デモクラシーと天皇制の共生についての世界標準的に『正しい回答』」などというものは存在しません。こんな制度を持っているのは戦後の日本社会だけなんですから。これは答えのない難問です。僕たちにできるのは、「ここに解決の難しい問題がある」とアンダーラインを引くことだけです。けれども、その問いに取り組むことは間違いなく日本国民にとって政治的成熟の絶好の機会です。「ああわからない、わからない」と頭を抱えて考え抜くことの方が、「正解」を誰かに教えてもらって、それを書き写すよりずっと生産的であるような問いというものがあります。「立憲デモクラシーと天皇制の共生はいかにあるべきか？」というのは、そのような根源的な、そしてきわめて生産的な問いの一つです。簡単に「正解」を見つけて、かたをつけて「はい、おしまい」

にしてよい問いではありません。

僕はこの本がそのような思索のきっかけになればと思って、この本を出すことを決めました。そういうふうに読んでいただければうれしいです。ではまた「あとがき」でお会いしましょう。

街場の天皇論◉目次

III 物語性と身体性

I

死者を背負った共苦の「象徴」

私が天皇主義者になったわけ

——2016年8月8日の「おことば」以来、天皇の在り方が問われています。死者という切り口から天皇を論じる内田さんにお話を伺いたい。

昨年の「おことば」は天皇制の歴史の中でも画期的なものだったと思います。日本国憲法の公布から70年以上が経ちましたが、今の陛下は皇太子時代から日本国憲法下の象徴天皇とはいかなる存在で、何を果たすべきかについて考え続けてきました。その年来の思索をにじませた重い「おことば」だったと私は受け止めています。

「おことば」の中では、「象徴」という言葉が8回使われました。特に印象的だったのは、「象徴的行為」という言葉です。よく考えると、これは論理的には矛盾しています。象徴とは記号的にそこにあるだけで機能するものであって、それを裏付ける実践は要求されない。しかし、陛下は形容矛盾をあえて犯すことで、象徴天皇にはそのために果たすべき「象徴的行為」があるという新しい天皇制解釈に踏み込んだ。そこで言われた象徴的行為とは実質的には「鎮魂」と「慰藉《いしゃ》」のことです。

「鎮魂」とは先の大戦で斃《たお》れた人々の霊を鎮めるための祈りのことです。陛下は実際に死者がそこで息絶えた現場まで足を運び、その土に膝をついて祈りを捧げてきました。もう一つの慰藉とは「時として人々の傍らに立ち、その声に耳を傾け、思いに寄り添うこと」と「おことば」では表現されていますが、さまざまな災害の被災者を訪れ、同じように床に膝をついて、傷ついた生者たちに慰めの言葉をかけることを指しています。

死者たち、傷ついた人たちの傍らにあること、つまり「共苦すること（compassion）」を陛下は象徴天皇の果たすべき「象徴的行為」と定義したわけです。

憲法第7条には、天皇の国事行為として、法律などの公布、国会の召集、大臣や大使などの認証、外国大使や公使の接受などが列挙されており、最後に「儀式を行ふこと」とあります。陛下はこの「儀式」が何であるかについての新しい解釈を示された。それは宮中で行う宗教的な儀礼に限定されず、ひろく死者を悼《いた》み、苦しむ者の傍らに寄り添うことである、と。

憲法第1条は、天皇を「日本国の象徴であり日本国民統合の象徴」であると定義していますが、この「象徴」という言葉が何を意味するのか、われわれ日本国民はそれほど深く考えてきませんでした。天皇は存在するだけで、象徴の機能は果たせる。それ以上何か特別なことを天皇に期待すべきではないと思っていた。けれど、陛下は「おことば」を通じて、「儀式」の新たな解釈を提示することで、そのような因習的な天皇制理解を刷新された。日本国憲法下での天皇制は「いかに伝統を現代に生かし、いきいきとして社会に内在し、人々の期待に応えていくか」という陛下の久しい宿題への、これが回答だったと私は思っています。

「象徴的行為」という表現を通じて、陛下は「象徴天皇には果たすべき具体的な行為があり、それは死者と苦しむものの傍らに寄り添う鎮魂と慰藉の旅のことである」という「儀式」の新たな解釈を採られた。そして、それが飛行機に乗り、電車に乗って移動する具体的な旅である以上、当然それなりの身体的な負荷がかかる。だからこそ、高齢となった陛下には「全身全霊をもって象徴の務めを果たしていくこと」が困難になったという実感があった。

「おことば」についてのコメントを求められた識者の中には、国事行為を軽減すればいいというようなお門違いなことを言ったものがおりましたけれど、「おことば」をきちんと読んだ上の発言とはとても思えません。国会の召集や大臣などの認証や大使などの接受について「全身全霊をもって」というような言葉を使うはずがないからです。「全身全霊をもって」というのは「命を削っても」という意味です。それは鎮魂と慰藉の旅のこと以外ではありえません。

天皇の第一義的な役割が祖霊の祭祀と国民の安寧《あんねい》と幸福を祈願することであること、これは古代から変わりません。陛下はその伝統に則った上で、さらに一歩を進め、象徴天皇の本務は死者たちの鎮魂と今ここで苦しむものの慰藉であるという「新解釈」を付け加えられた。これを明言したのは天皇制史上はじめてのことです。現代における天皇制の本義をこれほどはっきりと示した言葉はないと思います。何より天皇陛下ご自身が天皇制の果たすべき本質的な役割について自ら明確な定義を下したというのは、前代未聞のことです。私が「画期的」と言うのはそのような意味においてです。

――天皇は非人称的な「象徴」（機関）であると同時に、人間的な生身の「個人」でもあります。象徴的行為では、天皇の象徴性（記号性）と人間性（個人性）という二つの側面が問

題になると思います。

昭和天皇もそのような葛藤に苦しまれたと思います。大日本帝国憲法下の天皇はあまりに巨大な権限を賦与されていたために、人間的な感情の発露を許されなかった。だから、昭和天皇の心情がどういうものであったのか、われわれは知ることができない。開戦のとき、また終戦のとき、天皇がほんとうは何を考え、何を望んでおられたのか、誰も決定的なことは知りません。けれども、日本国憲法下での象徴天皇制70年間の経験は、今の陛下に「自分の気持ち」をある程度はっきりと国民に告げることが必要だという確信をもたらしました。

天皇は自分の個人的な気持ちを表すべきではないという考え方もあると思います。そういう考え方にも合理性があることを私は認めます。けれども、政治に関与することのない象徴天皇制であっても、その時々の天皇の人間性が大きな社会的影響力を持つことは誰にも止められない。そうであるならば、私たち国民は天皇がどういう人柄で、どういう考えをする方であるかを知っておく必要がある。「国民の安寧と幸福」に資するために天皇制はどのようなものであるべきかは、天皇陛下とともに、私たち国民も考え続ける義務があります。法的に一つの決定的なかたちを選んで、その制度の中に皇室を封じ込めて、それで「けりをつける」というような硬直的な構えは採るべきではありません。

日本国憲法下における立憲民主制と天皇制の併存という制度が将来的にどういうかたちのものになるのか、１９４７年時点では想像もつかなかった。その制度が今こうしてはっきりとした輪郭を持ち、日本の社会的な安定の土台になるに至ったのには、皇室のご努力が与って大きかったと私は思います。天皇制がどうあるべきかについての踏み込んだ議論をわれわれ国民は怠ってきたわけですから。

しかし、国民が議論を怠っている間も、陛下は天皇制がどういうものであるべきかについて熟考されてきた。「おことば」にある「即位以来、私は国事行為を行うと共に、日本国憲法下で象徴と位置づけられた天皇の望ましい在り方を、日々模索しつつ過ごして来ました」というのは、陛下の偽らざる実感だと思います。そして、その模索の結論が「象徴的行為を果たすのが象徴天皇である」という新しい天皇制解釈でした。私はこの解釈を支持します。これを非とする人もいるでしょう。それでもいいと思います。天皇制の望ましいあり方について戦後70年ではじめて、それも天皇ご自身から示された新しい解釈なのですから、この当否について議論を深めてゆくのはわれわれ日本国民の権利であり、また義務でもあるからです。

――象徴的行為は死者と自然にかかわる霊的行為です。これはシャーマニズム的だと思います。

どのような共同体にも共同体を統合させ、基礎づけるための霊的な物語があります。それについては、近代国家も例外ではありません。どの国も、その国が存在することの必然性と歴史的意味を語る「物語」を必要としている。それはアメリカであれ、中国であれ、ロシアであれ、変わりません。

天皇は伝統的に「シャーマン」としての機能を担ってきた。その本質的機能は今でも変わっていないと私は思います。「日本国民統合の象徴」という言葉が意味しているのはまさにそのことだからです。

問題は、鎮魂すべき「死者」とは誰かということです。われわれがその魂の平安を祈る死者たちとは誰のことか。これが非常にむずかしい問題です。

伝統的に、死者の鎮魂において、政治的な対立や敵味方の区分は問題になりません。日本の伝統では体制に抗い、弓を引いたものをも「祟《たた》り神」として鎮めます。崇徳《すとく》天皇や、菅原道真《すがわらのみちざね》や、平将門《たいらのまさかど》が祭神として祀られているのは、まさに彼らの荒ぶる霊を鎮めなければ、「祟り」をなすと人々が信じていたからです。死者はみな祀る。恨みを残して死んだ死者も手厚く祀る。死者を生前の敵味方で識別してはならないというのは、日本人の中に深く根付いた伝統的な死生観です。「こちらの死者は鎮魂するが、こちらの死者については朽ちるに任せる」というような生者の賢《さか》しらは許されることではなかった。

だからといって、「四海同胞」なのだから、人類誕生以来の死者すべてを平等に鎮魂慰霊すればいいというわけではない。それでは「国民統合」の働きは果たせない。象徴的行為の目的はあくまでも国民の霊的統合ですから。どこかで、ここからここまでくらいを「私たちの死者」として慰霊するという、鎮魂対象についてのゆるやかな国民的合意を形成する必要がある。

だからこそ、陛下は戦地を訪れておられるのだと思います。宮中にとどまったまま祈ることももちろんできます。けれども、それでは誰を慰霊しているのか判然としなくなる。戦地にまで足を運び、敵も味方も現地の非戦闘員も含めて、多くの人が亡くなった現場に陛下が立つのは、「ここで亡くなった人たち」というかたちで慰霊の対象を限定するためです。日本人死者たちのためだけに祈るわけではありません。アメリカ兵のためにも、フィリピン市民のためにも祈る。でも、「人類全体」のために祈っているわけではない。そのような無限定性は祈りの霊的な意味をむしろ損なってしまうからです。死者がただの記号になってしまう。だから、「敵味方の区別なく」であり、かつ「まったく無限定ではない」という二つの条件を満たすためには、どうしても現場に立つしかない。それが鎮魂慰霊のために各地を旅してきた陛下が経験を通じて得た実感だと私は思います。

鎮魂の儀礼が必要であるのはもちろん日本に限ったことではありません。他国には他国のそれぞれの霊的な物語がある。例えば慰安婦問題がそうです。日韓合意は日本との経済関係や軍事的連携を優先するという合理的な考え方に基づくものだったけど、慰安婦問題を「最終的かつ不可逆的に」解決するには至りませんでした。それは、韓国の人たちが「このような謝罪では、恨みを呑んで死んだ同胞が許さない」という死者の切迫を感じているからです。南京大虐殺でもそうです。問題は今ここの現実的な利害ではありません。慰安婦について強制連行があったかなかったか、南京で何人が虐殺されたのか、その事実が開示されなければ今ここでただちに大きな被害を受けるという人がいるわけではありません。でも、恨みを抱えて死んだ同胞の慰霊を十分に果たさなければいずれ「何か悪いこと」が起きるということについては世界中のどの国の人も確信を抱いている。

死者の切迫とは「これでは死者が浮かばれない」という焦燥のことです。その「浮かばれるか、浮かばれないか」という幻想的な判断が現に外交や内政に強い影響を及ぼしている。「成仏できない死者たち」が現実の政治過程に強い影響を及ぼしているという点では、実は古代も現代も変わっていないのです。その意味では私たちは今もまだ「シャーマニズムの時代」と地続きに生きているのです。

現に、今でも建設現場では工事を始める前に地鎮祭というものを行います。これは土地の守に挨拶を送り、供え物をして、工事の無事を願う儀礼です。どんなゼネコンでも地鎮祭をなしで済ますことはありません。儀礼をしなければ「何か悪いこと」が起きるということを現場の人たちは知っているからです。劇場でもそうです。どんな近代的な劇場でも、楽屋の入口には必ず稲荷が勧請してあります。劇場もまた「ここは違う場所」への通路である以上、そこには霊的な守りがなければ済まされないということを演劇にかかわる人は知っているからです。私たちは今でも霊的な装置を正しく調えておくことが、「祟《たた》り」を防ぐ上で不可欠だということを知識としてではなく、身体実感として感じています。

「死者をして安らかに眠らせる」ということは古代でも、近代国家においても、等しく重要な政治的行為です。「死者をして安らかに眠らせないと、何か悪いことが起きる」という信憑を持たない社会集団は存在しません。死者を軽んじれば、死者は立ち去らず、「祟り」をなす。死者のために祈れば、死者はしだいに遠ざかり、その影響力も消えてゆく。何も起こらないようにするために、何かをする。それが儀礼というものです。死者を鎮め、死者をして死なしめること、それはあらゆる社会集団にとって必須の霊的課題なのです。そのことはわれわれ現代人だって熟知している。だからこそ、陛下は旅することを止められないのです。

――しかし安倍政権の対応は冷ややかでした。

官邸には鎮魂や慰藉ということが統治者の本務だという意識がないからでしょう。天皇は権力者にとっての「玉」に過ぎない、統治のために利用する「神輿《みこし》」でいいと、そう思っている。僕は今の政権まわりの人々からは天皇に対する素朴な崇敬の念をまったく感じることができません。彼らはただ国民の感情的なエネルギーを動員するための政治的「ツール」として天皇制をどう利用するかしか考えていない。天皇を自分たちの好きに操るためには、天皇を御簾《みす》の奥に幽閉しておく必要がある。定型的な国事行為だけやっていればいい、個人的な「おことば」など語ってほしくない、というのが政権の本音でしょう。

何より今回、陛下がこれからの天皇制がどうあるべきかについてはっきりした「おことば」を発表した背景には、安倍政権が天皇制を含めて、国のかたちを変えようとしていることに対する危機感が伏流していると私は思っています。正面切っては言われませんけれど、私は感じます。

——天皇陛下のおことばは、そもそも日本にとって天皇とは何か、という問題を提起していると思います。

この70年間、私も含めて日本人はほとんど「天皇制はいかにあるべきか」について真剣な議論をしてきませんでした。それは認めなければならない。

私が記憶する限り、戦後間もない時期が最も天皇制に対する関心は低かったと思います。「天皇制廃止」を主張する人がまわりにいくらもいたし、冷笑的に「天ちゃん」と呼ぶ人もいた。それだけ戦時中に「天皇の名において」バカな連中がなしたことに対する恨みと嫌悪感が強かった。東京育ちの私の周囲には、天皇に対する素朴な崇敬の念を口にする人はほとんどいませんでした。私もそういう環境の中で育ちましたから、当然のように「現代社会に太古の遺物みたいな天皇制があるのは不自然だ。何より立憲民主制と天皇制が両立するはずがない」と思っていました。その頃に天皇制の存否についてアンケートを受けたら、「廃止した方がいい」と答えたと思います。

しかし、それからだんだん年を取り、他の国々の統治システムについて知り、自分自身も政治的なことにかかわるようになってくると、話はそれほど簡単ではないと思うようになりました。

ソ連や中国のような国家は、たしかにいかなるシャーマニズム的な要素も排して、すっきりと合理的な原理に基づいて統治されているという話になっている。でも、実際には、現世的な政治指導者がなぜか「国父」とか「革命英雄」とか祭り上げられて、神格化され、宗教的な崇拝の対象になっている。どうやら、そういう「合理的に統治されている国」でも、霊的権威というものの支えがないと国民的な統合ができないらしい、そういうことがわかってきました。そして、現世的権威者が霊的権威者をも兼務するそういった国では、権力者は自動的に独裁者になり、独裁者の周辺には強者におもねる奸臣《かん》・佞臣《ねい》の類が群がり、不可避的に政治がどこまでも腐敗してゆく。

アメリカやフランスの場合は、それとは逆に頻繁に政権交代が行われます。とりあえずは社会のあり方についての対立する二つの原理が共存し、矛盾、葛藤している。けれども、私の眼には、どうもこちらの方が住みやすそうに見えた。そういう国の方が、統治者が間違った政策を採択したあとの補正や復元の力が強い。どうやら「楕円的」というか、二つの統治原理が拮抗《きっこう》している政体の方が「一枚岩」の政体よりも健全のようである、そう思うようになりました。

翻《ひるがえ》って日本を見た場合には、天皇制と立憲民主制という「氷炭相容《ひょうたんあいい》れざるもの」が拮抗しつつ共存している。でも、考えてみたら、日本列島では、卑弥呼の時代のヒメ・ヒコ制から、摂関政治、征夷大将軍による幕府政治に至るまで、祭祀にかかわる天皇と軍事にかかわる世俗権力者という「二つの焦点」を持つ楕円形の統治システムが続いてきたわけです。この二つの原理が拮抗し、葛藤している間は、システムは比較的安定的で風通しのよい状態にあり、拮抗関係が崩れて、一方が他方を併呑《へいどん》すると、社会が硬直化し、息苦しくなり、ついにはシステムクラッシュに至る。

大日本帝国の最大の失敗は、「統帥権《とうすいけん》」という、本来は天皇に属しており、世俗政治とは隔離されているはずの力を、帷幄上奏権《いあくじょうそうけん》を持つ一握りの軍人が占有したことにあります。「統帥権」というアイディアそのものは、伊藤博文たちが大日本帝国憲法を制定した時点では、天皇の力を政党政治から「隔離する」ための工夫だったのでしょうが、1930年代になって「統帥権干犯《かんぱん》」というトリッキーなロジックを軍部が発見したせいで、いかなる国内的な力にも制約を受けない巨大な権力機構が出現してしまった。そうすることで、拮抗すべき祭祀的な原理と軍事的な原理を一つにまとめてしまうという日本の政治文化における最大の「タブー」を犯した。それが敗戦という巨大な災厄を呼び込んだ。私はそう理解しています。

ですから今は、昔の私のように「立憲民主制と天皇制は原理的に両立しない」と言う人には、「両立しがたい二つの原理が併存している国の方が政体として安定しており、暮らしやすいのだ」と説明するようにしています。単一原理で統治される「一枚岩」の政体は、二原理が拮抗している政体よりも息苦しく、抑圧的で、そしてしばしば脆弱です。それよりは中心が二つある「楕円的」な仕組みの方が生命力も復元力も強い。日本の場合は、その一つの焦点として天皇制がある。これは一つの政治的発明だ。そう考えるようになってから僕は天皇主義者に変わったのです。

――「國體護持《こくたいごじ》」ですね（笑）

「國體」という言葉に意味があるとすれば、この二つの中心の間で推力《すいりょく》と斥力《せきりょく》が作用して、微妙なバランスを保っている力動的なプロセスそのもののことと私は理解しています。日本の国のかたちを単一の政治原理に律された硬直的なものではなく、二力が作用し合う、ある種の均衡状態、運動過程として理解したい。祭祀的原理と軍事的・政治的原理が拮抗し合い、葛藤し合い、干渉し合い、決して単一の政治綱領に教条化することもなく、制度として硬直化・惰性化することもないこと、それが日本の伝統的な「国柄」の望ましいかたちでしょう。

安倍内閣の大臣たちが言う「国柄」という言葉が意味しているのは固定的なイデオロギーによって締め上げられた抑圧的な政治支配のことですけれど、私はそういう単純で、硬直化した思考ほど、日本のあるべき「国柄」の実現を妨げるものはないと思います。

天皇制の卓越性ということを真剣に考えるようになったことの一因には、何年か前に韓国のリベラルな知識人と話したときに「日本は天皇制があって羨ましい」と言われたことがあります。あまりに意外な言葉だったので、「どうして、そう思うのか」と理由を尋ねるとこう答えてくれました。

「韓国の国家元首は大統領です。でも、大統領は世俗的な権力者に過ぎず、いかなる道徳的価値の体現者でもない。だから、大統領自身もその一党も権威を笠に着て不道徳なふるまいを行う。だから、離職後に、元大統領が逮捕され、裁判にかけられるという場面が繰り返される。ついこの間まで自分たちが戴いていた統治者が実は不道徳な人物であったという事実を繰り返し見せつけられることは、韓国民の国民統合や社会道徳の形成を深く傷つけています。それに比べると、日本には天皇がいる。仮に総理大臣がどれほど不道徳な人物であっても、無能な人物であっても、天皇が体現している道徳的なインテグリティ(無欠性)は損なわれない。そういう存在であることによって、天皇は倫理の中心として社会的安定に寄与している。それに類する仕組みがわが国にはないのです」と彼は言いました。

言われてみて、たしかにそうかも知れないと思いました。日本でも総理大臣が国家元首で、国民統合の象徴であり、人間としての模範であるとされたら、国中が道徳的な無規範状態に陥ってしまうでしょう。

啓蒙思想の時代に、ジョン・ロックやトマス・ホッブズが説いた近代市民社会論は「自分さえよければそれでいい」という考え方を全員がすると社会は「万人の万人に対する戦い」となり、かえって自己利益を安定的に確保できない。だから、私権の制限を受け入れ、私利の追求を自制して、「公共の福利」を配慮した方が確実に私権・私利を守れるのだ、という説明で市民社会が正当化されました。自己利益の追求を第一に考える人間は、その利己心ゆえに、自己利益の追求を控えて、公的権力に私権を委譲することに同意する。「真に利己的な人間はある場合には非利己的にふるまう」という考え方です。

でも、私は今の日本社会を見ていると、この近代市民社会論のロジックはもう破綻していると思います。「このまま利己的にふるまい続けると、自己利益の安定的な確保さえむずかしくなる」ということに気づくためには、それなりの論理的思考力と想像力が要るわけですけれど、現代日本人にはもうそれが期しがたい。

しかし、それでもまだわが国には「非利己的にふるまうこと」を自分の責務だと思っている人が間違いなく一人だけいる。それだけをおのれの存在理由としている人がいる。それが天皇です。

1億2700万人の日本国民の安寧をただ祈る。列島に暮らすすべての人々、人種や宗教や言語やイデオロギーにかかわらず、この土地に住むすべての人々の安寧と幸福を祈ること、それを本務とする人がいる。そういう人だけが国民統合の象徴たりうる。天皇制がなければ、今の日本社会はすでに手の付けられない不道徳、無秩序状態に陥っていただろうと私は思います。

――たしかに東日本大震災のとき、菅直人総理大臣しかいなかったら、もっと悲惨な状況になっていたと思います。

震災の直後に、総理大臣と天皇陛下のメッセージが並んで新聞に載っているのを読みました。まったく手触りが違っていた。総理大臣のメッセージは可もなく不可もない、何の感情もこもっていない官僚的作文でした。けれども、天皇陛下のメッセージは行間から被災者への惻隠《そくいん》の情が溢れていた。総理大臣のメッセージは「誰かに突っ込まれないように」言い落としや言い過ぎがないことを最優先に配慮したものでした。査定されることを前提にして、そこであまりひどい点をつけられないために書かれていた。それが「官僚的作文」ということですけれど、そのような言葉が人の心に届くはずがない。でも、それに対して陛下のメッセージは誰かに査定され、点数をつけられるということを想定していなかった。災害で苦しむ人たちへの共苦の思いが、何の装飾もなく、真率に記されていた。国難のときに、精神的な国民的統合の中心には陛下がいなければならないと私はそのとき思いました。自分の首を心配している政治家にはその役は務まらない。

――内田さんは天皇の役割について「権威」ではなく「霊的権力」「道徳的中心」という言葉を使っています。

勘違いしている人が多いのですが、道徳というのは別に「こういうふうにふるまうことが道徳的です」というリストがあって、そのリストに従って暮らすことではありません。そう考えている人がほとんどですけれど、違います。道徳というのは、何十年、何百年という長い時間のスパンの中にわが身を置いて、自分がなすべきことを考えるという思考習慣のことです。

ある行為の良し悪しは、リストと照合して決められることではありません。短期的にはよいことのように思われるが、長期的には大きな災厄をもたらすリスクがあることもあるし、逆に短期的には利益が期待できないけれど、長期的には大きな福利をもたらす可能性があることもある。結局は、一番長いタイムスパンの中で今ここでのふるまいを考量できる人の判断が一番信頼度が高い。「一番長いタイムスパン」とは、自分が生まれる前のことも、自分が死んだあとのことも含めた長い時間の幅のことです。「私がこれをしたら死者たちはどう思うだろう」「私がこれをしたら未来の世代はどう評価するだろう」というふうに考える習慣のことを「道徳的」と言うのです。

道徳心がない人間のことを「今だけ、金だけ、自分だけ」とよく言いますけれど、言い得て妙だと思います。「今だけ」という考え方をすることは、それ自体が不道徳的なのです。四半期ベースでの損得で判断を下すような態度のことを「不道徳的」と言うのです。それは下された判断の当否とはかかわりがありません。道徳的か不道徳的かというのは、どれだけ長いタイムスパンの中で自分のふるまいの意味を思量するかによって決定されるということです。

ですから、次の選挙まで一時的に権力を負託されているに過ぎない総理大臣と、原理的には悠久の歴史の中で自分の言動の適否を判断しなければならない天皇では、そもそも採用している「時間的スパン」が違います。安倍政権は赤字国債の発行でも、官製相場の維持でも、原発再稼働でも、要するに「今の支持率」を維持するためには何でもします。死者たちはどう思うか、未来の世代はどう評価するかというようなことは何も考えていない。「私の政策に不満があるなら、次の選挙で落とせばいい」というのは、たとえ今の政策が未来に禍根を残すことがあったにせよ、それについては何の責任も取る気がないと公言しているのに等しいのです。どれほど日本の未来を傷つけても、その責任は次の選挙での議席減（それに伴う影響力の減損）というかたちで果たされ、それ以上の責任追及には一切応じない、そう公言しているのです。

天皇の道徳性というのは、そのときどき天皇の地位にある個人の資質に担保されるわけではありません。千年、二千年という時間的スパンの中に自分を置いて、「今何をなすべきか」を考えなければいけない。そのためには「もうここにはいない」死者たちを身近に感じ、「まだここにはいない」未来世代をも身近に感じるという感受性が必要です。私が「霊的」というのはそのことです。天皇が霊的な存在であり、道徳的中心だというのは、そういう意味です。

――古来、天皇は霊的役割を担ってきました。しかし、そもそも近代天皇制国家とは矛盾ではないか、天皇と近代は両立するのか、という問題があります。

現に両立しているじゃないですか。むしろ非常によく機能していると言っていい。象徴天皇制は日本国憲法下において、昭和天皇と今上陛下の思索と実践によって作り上げられた独特の政治的装置です。長い天皇制の歴史の中でも稀有な成功を収めたモデルとして評価してよいと私は思います。国民の間に、それぞれの信じる政治的信条とも、宗教的立場ともかかわりなく、天皇に対する自然な崇敬の念が穏やかに定着したということは近世以後にはなかったことじゃないですか。江戸時代には天皇はほとんど社会的プレゼンスがなかったし、戦前の天皇崇拝はあまりにファナティックでした。肩の力が抜けた状態で、安らかに天皇を仰ぎ見ることができる時代なんか、数百年ぶりなんじゃないですか。

――最後に、これから我々はいかに天皇を戴いていくべきか伺いたいと思います。

私にはまだよくわからないです。世界中で日本だけが近代国民国家、近代市民社会の形態をとりながら古来の天皇制を存続させている。霊的権力と世俗権力の二重構造が統治システムとして機能し、天皇が象徴的行為を通じて国民の精神的な統合を果たしている。こんな国は見回すと世界で日本しかありません。どこかよそに「成功事例」があれば、それを参照できますけれど、とりあえず参照できるのは、過去の天皇制が「うまく行っていた時代」しかない。けれども、それを採用するわけにはゆかない。社会の仕組みが違い過ぎますから。

かつてレヴィ＝ストロースは人間にとって真に重要な社会制度はその起源が「闇」の中に消えていて、起源にまで遡ることができないと書いていました。親族や言語や交換は「人間がそれなしでは生きてゆけない制度」ですけれども、その起源は知られていない。天皇制も日本人にとっては「その起源が闇の中に消えている」太古的な制度です。けれども、21世紀まで生き残り、現にこうして順調に機能して、社会的安定の基盤になっている。終戦後には、いずれ天皇制をめぐる議論で国論が二分されて、社会不安が醸成されるというリスクを予想した人はいました。でも、天皇制が健全に機能して、政治の暴走を抑止する働きをするなんて、50年前には誰一人予測していなかった。そのことに現代日本人はもっと驚いていいんじゃないですか。

改憲のハードルは天皇と米国だ

参院選挙で改憲勢力が3分の2の議席を獲得し、改憲の動きが出てきたタイミングで、天皇の「生前退位」の意向が示されました。時期的に見て、それなりの政治的配慮があったはずです。2016年8月8日に放映された「おことば」をよく読み返すと、さらにその感が深まります。

海外メディアは今回の「おことば」について、「安倍首相に改憲を思いとどまるようにとのシグナルを送った」という解釈を報じています。私もそれが「おことば」についての常識的な解釈だと思います。

天皇はこれまでも節目節目でつねに「憲法擁護」を語ってこられました。戦争被害を受けた内外の人々に対する反省と慰藉の言葉を繰り返し語り、鎮魂のための旅を続けてこられた。

現在の日本の公人で、「天皇又は摂政及び国務大臣、国会議員、裁判官その他の公務員は、この憲法を尊重し擁護する義務を負ふ」という第99条に定めた憲法尊重擁護義務を天皇ほど遵守されている人はいないと思います。国会議員たちは公然と憲法を批判し、地方自治体では「護憲」集会に対して「政治的に偏向している」という理由で会場の貸し出しや後援を拒むところが続出しています。そういう流れの中で進められている安倍政権の改憲路線に対する最後のハードルの一つが、護憲の思いを語ることで迂回的な表現ながら「改憲には反対」というメッセージを発し続けてきた天皇です。

自民党改憲草案第1条では、天皇は「日本国の元首」とされています。現行憲法の第7条では、天皇の国事行為には「内閣の助言と承認」が必要とされているのに対し、改憲草案では、単に「内閣の進言」とされている。これは内閣の承認がなくても、衆議院の解散や召集を含む国事行為を行うことができるという解釈の余地を残すための文言修正です。

なぜ、改憲派は天皇への権限集中を狙うのか。それは戦前の「天皇親政」システムの「うまみ」を知っているからです。まず天皇を雲上に祭り上げ、「御簾の内」に追い込み、国民との接点をなくし、個人的な発言や行動も禁じる。そして、「上奏」を許された少数の人間だけが天皇の威を借りて、「畏《おそ》れ多くも畏《かしこ》き辺《あた》りにおかせられましては」という呪文を唱えて、超憲法的な権威を揮《ふる》う。そういう戦前の統帥権に似た仕組みを安倍政権とその周辺の人々は作ろうとしています。彼らにとって、天皇はあくまで「神輿」に過ぎません。「生前退位」に自民党や右派イデオローグがむきになって反対しているのは、記号としての「終身国家元首」を最大限利用しようとする彼らの計画にとっては、天皇が個人的意見を持つことも、傷つき病む身体を持っていることも、ともに許しがたいことだからです。

「おことば」の中で、天皇はその「象徴的行為として、大切なもの」として、「人々の傍らに立ち、その声に耳を傾け、思いに寄り添う」ために「日本の各地、とりわけ遠隔の地や島々への旅」を果たすことを挙げました。それが天皇の本務であるにもかかわらず、健康上の理由で困難になっている。そのことが「生前退位」の理由として示されました。

象徴としての務めは「全身全霊をもって」果たさねばならないという天皇の宣言は、改憲草案が天皇をその中に閉じ込めようとしている「終身国家元首」という記号的存在であることをきっぱり否定したものだと私は理解しています。

「おことば」の中で、天皇は「象徴」という言葉を8回繰り返しました。特に重要なのは「象徴的行為」という表現があったことです。それは具体的には「皇后と共に行《おこな》って来たほぼ全国に及ぶ旅」を指しています。けれども、よく考えると「象徴」と「行為」というのは論理的にはうまく結びつく言葉ではありません。「象徴」というのはただそこにいるだけで100％機能するから「象徴」と言われるのであって、それを裏づける「行為」などは要求されません。でも、天皇は「象徴的行為を十全に果しうるものが天皇であるべきだ」という新しい考え方を提示しました。「おことば」は「御簾の内」に天皇を幽閉して、その威光だけを自らの政治目的のために功利的に利用しようとする人々に対する、天皇からの「否」の意思表示だったと私は思います。

2013年に開催された政府主催の「主権回復・国際社会復帰を記念する式典」で、天皇と皇后が退席されようとした際に、安倍首相をはじめとする国会議員たちが突然、予定になかった「天皇陛下万歳！」を三唱し、両陛下が一瞬怪訝《けげん》な表情を浮かべたことがありました。それはこの「万歳」が両陛下に対する素直な敬愛の気持ちから出たものではなく、「天皇陛下万歳」の呪文を功利的に利用して、自分たちに従わない人々を恫喝し、威圧しようとする「計算ずく」のものであることが感じ取られたからでしょう。

今回も、自然発生的な敬意があれば、天皇の「おことば」に対して内閣が木で鼻を括ったようなコメントで済ませられるはずがない。天皇の本意のあるところをぜひ親しくお聞きしたいと言うはずです。でも、彼らはそうは言わなかった。「余計なことをして」と言わんばかりにあからさまに迷惑そうな顔をしただけでした。自分の政治的勢力を誇示するための装飾として「天皇陛下万歳」を大声で叫びはするが、天皇陛下ご自身の個人的な意見には一片の関心もない。

安倍首相のみならず、日本の歴史で天皇を政治利用しようとした人々のふるまい方はつねに同じです。天皇を担いで、自分の敵勢力を「朝敵」と名指して倒してきた。倒幕運動のとき、天皇は「玉」と呼ばれていました。

二・二六事件の青年将校たちは天皇の軍を許可なく動かし、天皇が任命した重臣たちを殺害することに何のためらいも感じませんでした。そのひとり磯部浅一は獄中にあって、自分たちの行動を批判した昭和天皇に対する怒りと憎しみを隠しませんでした。磯部は「天皇陛下　何と云ふ御失政でありますか　何と云ふザマです、皇祖皇宗に御あやまりなされませ」という「叱責」の言さえ書き残しています。天皇がどのように考え、どのように行動すべきかを決めるのは天皇自身ではなく、「われわれ」であるというこの傲慢さは明治維新以来のわが国の一つの政治的「伝統」です。「君側の奸」を除いて、天皇親政を実現すると言い立てている当の本人が「君側にあって、天皇に代わって天下のことについて裁可する権利」を要求している。

同じことは終戦時点でも起こりました。8月15日の降伏に反対して「宮城事件」を起こした陸軍省参謀たちは、「國體」護持のためには「ご聖断」に耳を傾ける必要はないと言い放ちました。

伊藤博文から現政権に至るまで、天皇を祭り上げ、神聖化し、天皇へのアクセスを（自分自身を含む）少数のものに限定しようとしてきた人々は、天皇が何をすべきかを決めるのは天皇ではなく、「われわれ」であると考えていました。彼らは天皇の権威を絶対化し、天皇を「御簾の内」に隠し、その代弁者として、政府にも憲法にも掣肘《せいちゅう》されない、不可視の座に立とうとしたのです。

自民党改憲草案における天皇にかかわる条項の変更も、めざしているのは二・二六事件の磯部浅一や宮城事件の畑中健二と本質的には変わらないと私は思います。それは国家元首である天皇を、まずは憲法にも内閣にも議会にも掣肘されない絶対的存在に祭り上げる。それと同時に国民から隔離して、その意思を伝える手立てを奪う。そうすることによって、天皇を絶対的権威者であり、かつまったく無力な彼らの「傀儡《かいらい》」として操作する。

２０１５年の安全保障関連法の成立で示されたように、あるいは改憲草案の「緊急事態条項」に見られるように、安倍政権ははっきりと立憲主義を否定する立場にあります。草案第98条の「緊急事態条項」はこう定めています。

「内閣総理大臣は、我が国に対する外部からの武力攻撃、内乱等による社会秩序の混乱、地震等による大規模な自然災害その他の法律で定める緊急事態において、特に必要があると認めるときは、法律の定めるところにより、閣議にかけて、緊急事態の宣言を発することができる」。

こういう法律のつねですけれど、「等」という語の解釈は内閣総理大臣に一任されています。総理大臣はいかなる事態を「武力攻撃、内乱」に類する「社会秩序の混乱」であると認定するかについて判定する専権を有しています。緊急事態宣言の発令によって憲法は停止され、内閣が発令する政令が法律と同様の効力を持つことになる。つまり、法の制定者と法の執行者が同一機関になる。そのような政体のことを「独裁制」と呼びます。緊急事態条項というのは言い換えれば「独裁制への移行の法的手続き」を定めたものです。

もちろん、それが独裁制の法的な正当化である以上、そこにはデュープロセスのようなものが装飾的文言として書かれてはいます。緊急事態宣言は「事前又は事後に国会の承認を得なければならない」「百日を超えて緊急事態の宣言を継続しようとするときは、百日を超えるごとに、事前に国会の承認を得なければならない」とありますが、よく考えればこれは空文に過ぎません。というのは、発令時点で国会多数派が政権与党であり、宣言に賛成して、憲法停止と独裁制の樹立を支持するならば、このあと宣言発令中はもう選挙は行われない。議員たちは「終身議員」となり、彼らが100日ごとに宣言を延長すれば、憲法停止状態は適法的に未来永劫に続けることができるからです。

この独裁制を転覆するためには、国民にはもう院外での活動、政府批判の言論やデモという行動しか残されていないわけですけれど、それはまさに「社会秩序の混乱」を引き起こすものに他ならない。緊急事態宣言を正当化するような秩序の混乱がなく、宣言が濫用されているという当の事実を指摘する人々の出現そのものが秩序の混乱と認定され、宣言の発令を正当化する。そういう出口のないループに国民は閉じ込められることになります。

改憲草案に透けて見えるのは、内閣総理大臣を憲法に制約されない独裁者の立場に置き、内閣が法律を起案し、かつ執行する独裁政体を作るという夢想です。これは「法治国家」から、中国や北朝鮮のような「人治国家」への政体変換を意味しています。

しかし、果たして政体の変換がそこまで進むことを国際社会は拱手傍観《きょうしゅぼうかん》しているでしょうか。中国や韓国はそのような独裁国家が必ず採用するファナティックなナショナリズムに警戒心を抱くでしょうし、国連をはじめとする国際機関も日本を「リスクファクター」と認定するでしょう。最も重要なのは「宗主国」米国がどう出るかです。オバマの「リバランス」戦略までの米国でしたら、中国や北朝鮮を牽制するために、日本と韓国との連携が重視されていましたが、トランプ政権のアジア戦略はまだよくわかりません。わかっていることはアメリカの「西太平洋からの撤退」が基本戦略であり、アメリカがこの地域でこれまで担ってきた軍事的な負担を日本や韓国や台湾やフィリピンといった同盟国に「肩代わり」させることをトランプ自身は求めているということです。そして尻に火がついたアメリカにとっては、「肩代わりしてくれるならどんな政体でも構わない」というのがおそらく本音でしょう。

　私たちが経験的に知っているのは、アメリカは自国の国益増大に資するのであれば、同盟国がどんな政体であってもまったく気にしないということです。アメリカはこれまで同盟国として、フィリピンのマルコス政権を、インドネシアのスハルト政権を、ベトナムのゴ・ジン・ジエム政権を、韓国の朴正熙《パクチョンヒ》政権を、シンガポールのリー・クアン・ユー政権を支持してきました。いずれも米国の独立宣言や憲法の価値観と両立し難い強権的な独裁政権でしたけれど、ホワイトハウスは気にしませんでした。ですから、日本の政体が民主的であろうと、独裁的であろうと、アメリカの世界戦略に「役に立つ」ならアメリカは何も言わない。私はそう予測しています。

解釈改憲と安全保障関連法成立のせいで、自衛隊は米国にすれば使い勝手のよい「二軍」になりました。自衛隊員が危険な任務において米兵を代替してくれることをアメリカは歓迎しています。とはいえ、米国にとって日本はかつての敵国です。「同盟国」としてどこまで信頼できるかわからない。「空気」一つで「鬼畜米英」から「対米従属」に一気に変わる国民性ですから、当てにはできない。ですから、米国内に「安保法制で取るべきものは取ったから、首相はもう少し米国の価値観に近い人間に替えてもらいたい」という考え方が出て来ても不思議はありません。ですから、改憲日程が具体化すると、「それは中国、韓国の対日感情を悪化し、西太平洋における地政学的な安定を揺るがすリスクになるから、自制してほしい」というメッセージがアメリカの政策決定にかかわるプラグマティックな知性からは出てくるはずです。

いずれにせよ、自民党が進めようとしている改憲の最後のハードルになるのは野党ではなく、天皇とホワイトハウスだというのが私の予測です。日本が民主主義の主権国家ではなく、君主制を持つ米国の属国であるという現実が、そのときに改めて露呈されることになるわけです。

天皇の「おことば」について

２０１６年12月の陛下の「おことば」はかなり「読みで」のあるものだったと思います。表面的には、ただこの一年間の出来事を羅列したように見えますが、一つ一つの扱いかたや措辞に細やかな気遣いが感じられました。

経時的な理由から最初に置かれた「フィリピン訪問」には分量的には最も多くの字数が割かれていました。

フィリピンでの戦闘については、かつて大岡昇平は『レイテ戦記』で「あの戦争でいちばん苦しんだのは日本人でもアメリカ人でもなく、現地のフィリピン人だ」と書いたことがありました。「先の大戦で命を落とした多くのフィリピン人、日本人の犠牲の上に」とあえて「フィリピン人」を先に置いた陛下の気遣いには大岡の思いに通じるものが感じられます。

8月の「おことば」において陛下は「象徴的行為」といういささかこなれない言葉を用いて、天皇の責務は何かということを示されました。それは具体的には、戦争や天変地異で横死した人々を鎮魂し、被災者の傍に寄り添う「旅」のことです。そして、今回の「おことば」で、その「人々」とは決して日本人だけに限定されないことを示されました。

今回の「おことば」では、オリンピック・パラリンピックとノーベル賞のほかは、すべて死んだ人、傷ついた人の悲しみ・痛みに言及したものでした。この「共苦（compassion）」という営みが現代の天皇の引き受けるべき霊的な責務、「象徴的行為」の実体であるということを一歩踏み込んで明らかにしたという点に今回の「おことば」に歴史的意義はあるのだろうと思います。

天皇制、いまだ形成過程

天皇、皇后両陛下はパラオやフィリピンといった多くの戦死者の眠る土地に足を運んで、敵味方を問わず死者たちを悼み、傷痕が癒やされることを祈ってこられた。

2016年8月のお気持ち表明では、「象徴的行為」というこなれない言葉を使ったが、鎮魂慰霊の旅こそが天皇にとって最重要の仕事だと言外に宣明したものだった。その上で、高齢によりその務めを十分に果たし得ないことを退位の理由に掲げた。僕は陛下の退位の思いを支持する。

僕が育った1950~60年代は天皇制への国民の評価が一番低かった時代だった。僕も少年の頃は、天皇制は民主制となじまない旧弊だと見なしていた。だが、年を取って、身近な人を失い始めると、死者が実は身近にあって僕たちを見守っているということが身にしみて実感される。死者たちを集団的に弔うことで共同体は統合されているということがわかると、国民の霊的統合の軸としての天皇の役割も理解できるようになった。

日本社会は戦前・戦中の精神主義への嫌悪感から、戦後久しく過剰なまでに科学主義的だった。けれども、バブル経済の崩壊後、20世紀末から、人々は再び「超越的なもの」に対する感受性に目覚め始めた。死者たちから遺贈されたものを次世代に手渡すという垂直方向の連帯感がないと共同体は存立しない。天皇制は垂直方向の連帯を基礎づける重要な装置だ。

国民が天皇制をどう見てきたのか、陛下は変遷を間近に見てこられた。国民が天皇制に批判的だった時代も、メディアが消費財的に皇族ニュースを追い回した時代も経験された。その上で、今の日本社会における天皇のあるべき形として「祈る人」という解を見いだしたのだと思う。

退位に反対し、公務の限定を求めている人たちは、陛下ご自身が天皇の「主務」と考える鎮魂慰霊の旅を「雑務」と見なしている。彼らは天皇をできることなら宮中奥深くに閉じ込めて、国民と接触させず、政治的道具として利用したいのだろう。

お気持ち表明や退位を「憲法違反」だという批判もある。だが、そう言う人たちは戦後の天皇制が手探りで「あるべき姿」を求めてきた動的過程だったという事実を見落としている。憲法起草段階では、天皇制が戦後日本でどういう働きをすることになるのかはっきりと見通していた人はいなかった。民主制も平和主義も象徴天皇制も憲法制定時点では「空文」だった。空文に実体を与えたのは日本国民のその後の努力である。

ある意味、天皇制は今もまだ形成過程にある。日本国民にとって最も望ましい天皇制はどういうものかを論じることを硬直した教条主義で律してはならない。

「民の原像」と「死者の国」

高橋源一郎さんと先日『SIGHT』のために渋谷陽一さんをまじえて懇談した。いろいろ話しているうちに、話題は政治と言葉（あるいは広く文学）という主題に収斂していった。そのときに「政治について語る人」として対比的に論じられたのが「安倍首相」と「天皇陛下」だった。

この二人はある決定的な違いがある。政策のことではない。霊的ポジションの違いである。それについてそのときに話しそこねたことを書いておく。

なぜ、日本のリベラルや左翼は決定的な国民的エネルギーを喚起する力を持ち得ないのかというのは、久しく日本の政治思想上の課題だった。

僕はちょうど前日渡辺京二の『維新の夢』を読み終えたところだったので、とりわけ問題意識がそういう言葉づかいで意識の前景にあった。

渡辺は西郷隆盛を論じた「死者の国からの革命家」で国民的規模の「回天」のエネルギーの源泉として「民に頭を垂れること」と「死者をとむらうこと」の二つを挙げている。少し長くなるけれど、それについて書かれた部分を再録する。

渡辺によれば第二回目の流刑のときまで西郷はスケールは大きいけれど、思想的には卓越したところのない人物だった。

「政治的な見識や展望はどうか。そういうことはみな、当時の賢者たちから教えられた。教えられれば、目を丸くして感心し、それを誠心実行に移そうとした。勝海舟、横井小楠、坂本龍馬、アーネスト・サトウ、みな西郷に新生日本の行路を教えた人で、西郷自身から出た維新の政治理念は皆無にひとしかった。だから、この維新回天の立役者は偉大なるハリボテであった。だが、政治能力において思想的構想力において西郷よりまさっていた人物たちは、このハリボテを中心にすえねば回天の仕事が出来なかった。これは人格の力である。この場合人格とは、度量の広さをいうのでも、衆心をとる力をいうのでも、徳性をいうのでもない。それは国家の進路、革命の進路を、つねにひとつの理想によって照らし出そうとする情熱であり誠心であった。革命はそういう熱情と誠心によってのみエトスを獲得することができる。エトスなき革命がありえない以上、西郷は衆目の認める最高の指導者であった」(『維新の夢』、ちくま学芸文庫、2011年、341頁)。

彼は戊辰《ぼしん》のいくさが終わったあと、中央政府にとどまらず、沖永良部島《おきのえらぶじま》に戻るつもりでいた。「官にいて道心を失う」ことを嫌ったのである。島は彼の「回心」であったというのが渡辺京二の仮説である。島で西郷は何を経験したのか。渡辺は「民」と「死者」とがひとつに絡み合う革命的ヴィジョンを西郷がそこで幻視したからだと推論する。

「西郷は同志を殺された人である。第一回流島のさいには月照を殺され、第二回には有馬新七を殺された。この外にも彼は、橋本左内、平野国臣という莫逆《ばくぎゃく》の友を喪っている」（同書、343頁）。

この経験は彼に革命家は殺されるものだということを教えた。革命闘争の中では革命家は敵に殺されるだけでなく、味方によっても殺される。「革命の義を裏切るのは政治である」。

死者はそれだけでは終わらなかった。西郷の同志たち、村田新八、篠原国幹、大山巌、伊集院兼寛も藩主の命で処罰された。渡辺は「これが西郷を真の覚醒に導いた惨劇である」と書く。

事実、この直後に西郷が知人に書き送った書簡にはこうある。

「此の度は徳之島より二度出申さずと明《あき》らめ候処、何の苦もこれなく安心なものに御座候。骨肉同様の人々をさえ、只《ただ》事の真意も問わずして罪に落し、又朋友も悉く殺され、何を頼みに致すべきや。馬鹿等敷《らしき》忠義立ては取止め申し候。御見限り下さるべく候」（同書、345–346頁）。

西郷は同志朋友を殺され、同志朋友と信じた人々によって罪に落とされた。もう生者たちに忠義立てなどしない。自分が忠義立てをするのは死者たちに対してだけだと西郷は言外に宣言したのである。

彼が維新回天の中心人物として縦横の活躍をするようになるのは、彼が「御見限り下さるべく候」と書いた「あと」のことである。同志朋友を殺した島津藩への忠義を断念し、死者のために生きると決意したときに西郷は政治家としてのブレークスルーを果たした。

「いまや何を信ずればよいのか。ここで西郷の心は死者の国へとぶ。彼はもう昨日までの薩摩家臣団の一員ではない。忠誠の糸は切れた。彼は大久保らの見知らぬ異界の人となったのであって、彼の忠誠はただ月照以来の累々たる死者の上にのみ置かれた」(同書、346頁)。

みずからを「死者の国の住人」と思い定めた西郷は島で「民」に出遭う。

西郷はそれまでも気質的には農本主義者であり、護民官的な気質の人であったが、民はあくまで保護し、慰撫し、支配する対象にとどまっていた。それが島で逆転する。

「彼が、島の老婆から、二度も島へ流されるとは何と心掛けの改まらぬことかと叱られ、涙を流してあやまったという話がある。これは従来、彼の正直で恭謙な人柄を示す挿話と受け取られてきたと思う。しかしいかほど正直だからといって、事情もわきまえぬ的はずれの説教になぜ涙を流さねばならぬのか。老婆の情が嬉しかったというだけでは腑に落ちない。西郷はこの時かならずや、朋友を死なしめて生き残っている自分のことを思ったに違いない。涙はだからこそ流れたのである。しかしここで決定的に重要なのは、彼が老婆におのれを責める十全の資格を認めたことである。それは彼が老婆を民の原像といったふうに感じたということで、この民に頭《こうべ》を垂れることは、彼にとってそのまま死者をとむらう姿勢でもあった」（同書、３４７頁）。

「革命はまさにそのような基底のうえに立ってのみ義であると彼には感じられた。維新後の悲劇の後半生は、このような彼の覚醒のうちにはらまれたのである」（同書、３４８頁）。

長い論考の一部だけ引いたので、論旨についてゆきづらいと思うけれど、僕はこの「民の原像」と「死者の国」という二つの言葉からつよいインパクトを受けた。渡辺京二の仮説はたいへん魅力的である。歴史学者からは「思弁的」とされるかも知れないが、僕は「これで正しい」と直感的に思う。

という読後の興奮状態の中で源ちゃんと会ったら、話がいきなり「大衆の欲望」と「死者の鎮魂」から始まったので、その符合に驚いたのである。

『維新の夢』で、渡辺京二は日本のリベラル・左翼・知識人たちがなぜ「国家の進路、革命の進路を、つねにひとつの理想によって照らし出そうとする情熱と誠心」を持ち得ないのかについてきびしい言葉を繰り返し連ねている。

それは畢竟《ひっきょう》するに、「民の原像」をつかみえていないこと、「死者の国」に踏み込みえないことに尽くされるだろう。

「大衆の原像」という言葉は吉本隆明の鍵概念だから、渡辺もそれは念頭にあるはずである。

だが、「死者の国」に軸足を置くことが革命的エトスにとって死活的に重要だという実感を日本の左翼知識人はこれまでたぶん持ったことがない。

彼らにとって政治革命はあくまで「よりよき世界を創造する。権力によって不当に奪われた資源を奪還して（少しでも暮し向きをよくする）」という未来志向の実践的・功利的な運動にとどまる。

だから、横死した死者たちの魂を鎮めるための儀礼にはあまり手間暇を割かない。日本の（だけでなく、世界どこでもそうだけれど）、リベラル・左翼・知識人がなかなか決定的な政治的エネルギーの結集軸たりえないのは「死者からの負託」ということの意味を重くとらないからである。僕はそう感じる。

日本でもどこでも、極右の政治家の方がリベラル・左翼・知識人よりも政治的熱狂を掻き立てる能力において優越しているのは、彼らが「死者を呼び出す」ことの効果を直感的に知っているからである。

靖国神社へ参拝する日本の政治家たちは死者に対して（西郷が同志朋友に抱いたような）誠心を抱いてはいない。そうではなくて、死者を呼び出すと人々が熱狂する（賛意であれ、反感であれ）ことを知っているから、そうするのである。

どんな種類のものであれ、政治的エネルギーは資源として利用可能である。隣国国民の怒りや国際社会からの反発というようなネガティブなかたちのものさえ、当の政治家にとっては「活用可能な資源」にしか見えないのである。かつて「金に色はついていない」という名言を吐いたビジネスマンがいたが、その言い分を借りて言えば、「政治的エネルギーに色はついていない」のである。

どんな手を使っても、エネルギーを喚起し、制御しえたものの「勝ち」なのである。

世界中でリベラル・左翼・知識人が敗色濃厚なのは、掲げる政策が合理的で政治的に正しければ人々は必ずや彼らを支持し、信頼するはずだ（支持しないのは、無知だからだ、あるいはプロパガンダによって目を曇らされているからだ）という前提が間違っているからである。政策的整合性を基準にして人々の政治的エネルギーは運動しているのではない。政治的エネルギーの源泉は「死者たちの国」にある。

リベラル・左翼・知識人は「死者はきちんと葬式を出せばそれで片がつく」と思っている。いつまでも死人に仕事をさせるのはたぶん礼儀にはずれると思っている。

極右の政治家たちはその点ではブラック企業の経営者のように仮借がない。「死者はいつまでも利用可能である」ということを政治技術として知っている。

それだけの違いである。けれども、その違いが決定的になることもある。

安倍晋三は今の日本の現役政治家の中で「死者を背負っている」という点では抜きん出た存在である。

彼はたしかに岸信介という生々しい死者を肩に担いでいる。祖父のし残した仕事を成し遂げるというような「個人的動機」で政治をするなんてけしからんと言う人がいるが、それは話の筋目が逆である。

今の日本の政治家の中で「死者に負託された仕事をしている」ことに自覚的なのは安倍晋三くらいである。だから、その政策のほとんどに対して国民は不同意であるにもかかわらず、彼の政治的「力」に対しては高い評価を与えているのである。

ただし、安倍にも限界がある。それは彼が同志でも朋友でもなく、「自分の血縁者だけを選択的に死者として背負っている」点にある。生きている側近たちだけでなく、死者に対してさえ、彼は「ネポティスト（身内重用主義者）」なのである。

これに対して「すべての死者を背負う」という霊的スタンスを取っているのが天皇陛下である。

首相はその点については自分が絶対に「天皇に勝てない」ということを知っている。だから、天皇の政治的影響力を無化することにこれほど懸命なのである。

現代日本の政治の本質的なバトルは「ある種の死者の負託を背負う首相」と「すべての死者の負託を背負う陛下」の間の「霊的レベル」で展開している。

というふうな話を源ちゃんとした。

もちろん、こんなことは新聞も書かないし、テレビでも誰も言わない。でも、ほんとうにそうなのだ。

「天皇制」と「民主主義」

――今上天皇の「生前退位の意向」リークは、どういう意味があるのでしょうか？

◉畏れ多くも畏き辺りにおかせられましては

天皇のご意向が宮内庁の暗黙の了承抜きでリークされるということは現実的にはあり得ないので、慎重な政治的配慮があった上でのことだと思います。ただ、リークの政治的意図が何であるかは、まだ判然としません。

参院選（2016年7月10日）の3日後という日付を考慮すると、安倍政権が改憲に向かって加速するはずの選挙結果に対する天皇からのシグナルと解釈することが可能だと思います。フランスの『ル・モンド』紙も「改憲を牽制する動き」だと解釈しています。海外メディアは遠慮がないから、はっきりとした解釈を語ります。僕も同意見。ではなぜ天皇は改憲に対して抑制的なのか。

自民党の改憲草案では、天皇は「象徴」から「国家元首かつ象徴」に「格上げ」されています。現行憲法では、天皇の国事行為は「内閣の助言と承認により」とありますが、改憲草案では「内閣の進言」しか必要とされていません。内閣の「承認」が国事行為の要件から外された。つまり、憲法を弾力的に解釈するならば、天皇は内閣の承認がなくても、憲法改正や国会召集や衆院解散が「できる」ということになる。運用次第では、明治憲法下の統帥大権に近い実力を持ちうるような「解釈の余地」が残されているということです。

戦前は「統帥権」という大義名分を掲げて、帷幄上奏権を独占する軍人たちが内閣や議会のさらに上位に立つということがありました。そのせいで日本は悲惨な敗戦を経験したのですが、自民党改憲草案はその歴史的経験から学ぶ気はないようです。天皇の御威光を背に、「畏れ多くも畏き辺りにおかせられましては」というマジックワードで国民をひれ伏させ、超法規的な権力をほしいままにした大日本帝国戦争指導部の前例を懐かしんでいるのでしょう。そのような政体を実現するためには、天皇は内閣や議会の上位に君臨する超越的権力者として、「御簾の彼方」に姿を隠していることが望ましい。何を考えているかわからない。肉声で語ることもない。人目の及ばぬ宮中奥深くに身を潜めて重臣たちによって「媒介」される以外にその真意を知りがたい存在でなければならない。

そういう改憲派の狙いからすると、「生前退位」というのは許しがたい選択肢に見えるはずです。というのは、それは天皇が個人としての意思を持ち、その苦悩や迷いを肉声で語り、傷つき病む生身を有しているということを明らかにしてしまうからです。天皇を国家元首に祭り上げて、自分たちの「好き放題」に権力を揮いたい人々からすれば、天皇が生身の身体を持つことは許されない。

◉「死者たちを弔う」

陛下退位の理由として挙げられたのは、「体力的にその責務を果たしきれない」ということでした。では、「責務」とは何か。宮中の祭祀や海外からの来賓のための歓迎祝宴や訪問者との面談機会もずいぶん減らされたそうです。では、何がつらい仕事なのか。それは近年の天皇皇后両陛下の旅程を見れば明らかです。被災者の訪問と戦没者の慰霊が両陛下に体力的に最も負荷をかけている仕事です。それを全うできないから退位したいということは、暗に天皇の本務とは「傷つき苦しむ国民を慰藉すること、敵も味方も含めて先の大戦の戦没者たちの霊を弔うこと」の2点であるという陛下の信念が語られている。

フィリピンやパラオを訪れた慰霊の旅は、健康な若者でもきつそうな旅程でした。陛下はそれをあえて果たされた上で、「このような旅は私にはもう無理だ（だが、天皇以外に誰がそれをするのか）」とわれわれに問いかけている。僕はそう思います。

フィリピンの場合、派兵された兵士60万のうち48万が死にました。それも輸送船沈没での死、武器も食糧もないままジャングルを彷徨《ほうこう》した末の餓死・戦病死が過半でした。これら死者の慰霊をするということは暗に戦争指導部の無策を批判することになります。安倍総理が陛下に「ぜひフィリピンに行ってください」と「助言」したとは思えませんので、おそらく陛下ご自身の強い意思で実現したことなのでしょう。それは「死者たちを弔う」ことが天皇の本務であると陛下ご自身が確信していたからだと思います。

天皇の国事行為は憲法第7条に規定されており、「儀式を行ふこと」はその最後に挙げられています。項目としては最後ですが、天皇の霊的責務としてはこれが最初に来るものだと僕は思います。

天皇の第一の国事行為は死者たちの慰霊です。震災や戦争の被害者だけでなく、今も痛み、病み、苦しむすべての同胞の安寧を祈るというのが天皇の責務であり、これは他の誰によっても代替できない。このことについては国民的な合意が存在する。それはすべての死者たちを政治的文脈から「解放する」ということです。

ですから、天皇はパラオには行くが靖国には行かない。党派的意図によって戦犯合祀を行ったせいで、天皇は靖国に「行けない」ようになった。そのときの昭和天皇の怒りについては、宮内庁長官のメモがのちに伝えられています。慰霊という営みを生臭い政治的文脈に載せたことを咎めたのです。

天皇制の根本的な機能は日本という国の霊的統一です。政治学者はそんな言葉を使いませんが、僕はそう思っています。それは国威発揚とか経済成長とか、そういう現実とは別次元の出来事です。グローバル資本主義社会では、あらゆる制度文物は社会の変化に即応して絶え間なく変化し続けなければならないとされています。グローバル競争に勝ち抜くために一瞬も止まらず状況に最適化し続けること。それが「正しい」生き方だと多くの人々は信じている。だから、行政府と立法府を一元化した独裁制の方が「効率的だ」と思っている人たちがいる。憲法は行政府の政策実行を「縛る」ばかりだから不要だと思っている人たちがいる。「民間にはそんなものはない」からです。そうやって国のかたちが土台から崩れ始めている。何のためにこの国があるのか、もうわからなくなってきた。その激動期になって天皇制の機能が改めて前景化してきた。それは、天皇制は「国のかたちを大きく変えない」ための重しのようなものだということです。

◉日本は天皇制があって羨ましい

かつての軍国主義は天皇制を「効率化」して、「使い勝手のよい」統治装置に作り替えたことによって破滅的な帰結をもたらしました。この歴史的経験から教訓として引き出すべきなのは、天皇制を政治イデオロギーや経済環境のような「変わりやすいもの」にリンクさせてはならないということです。天皇制は「重し」です。「変わらないもの」の象徴です。日本という国が権力者の妄想によって「アクセル」を踏んだり、「急ハンドル」を切ったりすることを阻止する力です。

前に韓国の人と会ったときに、「日本は天皇制があって羨ましい」と言われました。驚いて、どうしてと訊いたら、こう答えました。韓国は大統領が国家元首であるが、大統領が変わるたびに、前大統領は次の政権によって訴追されたり、自殺に追い込まれたりする。そういうパターンが繰り返されている。それが「権力者は必然的に不道徳にふるまう」という政治不信を生み、また国内に怨恨や対立の種を残してもいる。その点、日本は総理大臣がどれほど失政を犯しても、人格的に問題があっても、それとは別の次元に「道徳的なインテグリティ」を担保している天皇という存在がある。だから、仮に政治家たちがどれほど不道徳でも愚鈍でも、日本人は自国の統治機構が救いがないほど腐っていると思わずに済む。そう聴いてなるほどと思いました。立憲君主制にはそれなりの政治的効用があるということを、君主を持たない国の人に教えてもらった。

今世界に残っている立憲君主制の国は、日本とイギリスくらいです。このシステムの手柄は「立憲制」と「君主制」という別の統治原理が葛藤しているということにあります。単一原理で上から下までが律されている「すっきりした社会」よりは、葛藤するシステムの方が致命的な失政を犯すリスクが少ない。異なる原理が共生することが社会の基本ルールになっているところはそうでない社会より風通しがいい。

僕は久しく天皇制と民主主義というのは「食い合わせが悪い」と思っていました。でも、今は考えを変えました。食い合わせの悪い2つの統治原理を何とか共生させるように国民が知恵を絞る、その創発的・力動的なプロセスが作動しているということがこの国の活力を生み出している。その方が単一の統治原理で上から下まですっきり貫徹された原理主義的な国家よりも「住み心地がよい」。そう考えるようになりました。

天皇退位問題が切迫してくると、改憲よりも皇室典範の改正の方が優先される。となると、安倍首相にはもう時間がありません。総裁任期はあと2年（のちに「連続3期9年」に延長）。その前にたぶん衆議院の解散がある。アベノミクスはもう末期症状だし、五輪は不始末が続いて売り物にならないし、原発事故処理も被災地復興も基地問題もまったく成果が上がっていない。次回総選挙で3分の2を取るのはむずかしい。となると安倍総理の持ち時間は1年少し。その間に改憲を仕上げようとするとかなり強引な国会運営をするしかない。そのときに国を二分するような対立が生じないように、陛下が「この国のかたち」について今のうちに熟議する機会を国民に提示した、と。そういうことではないかと僕は考えています。

安倍季昌さんと会う

『考える人』のインタビューで雅楽の安倍季昌さんとお会いする。

安倍さんは1943年生まれ。千年続く京都方楽家（「がっけ」と読んでね）のお生まれ。

家芸は篳篥《ひちりき》と神楽舞。

その他、右舞（朝鮮半島系の舞楽）、箏、打物、歌謡などをされる。

宮内庁楽部の伶人として、昭和天皇の大喪の礼、今上天皇の即位の礼、伊勢神宮の遷宮などの大きな儀礼の他、外国からの来賓が来たときの奏楽や、新嘗祭《にいなめさい》などの恒例の祭事にひさしくかかわってこられた方である。

私のようながさつな東京下町〝地下人《じげにん》〟キッズはこんな企画でもなければ、まずお目にかかることのない「殿上人《てんじょうびと》」である。

でも、たいへんに穏和でユーモラスな方で、篳篥の演奏や舞の運足などを拝見しているうちに、3時間ほどあっというまにすぎてしまった。

私は知らない世界のことについて話を聴くのが大好きなので、話は宮中のことになる。

安倍さんはもちろん「陛下は…」と言われるのだけれど、安倍さんの口から出る柔らかい音色の「へいか」という言葉は、政治家やナショナリストのイデオロギーが口にする同じ言葉とは手触りがまったく違う。

それは政治的な「記号」ではなく、生身の人間について用いられている代名詞だからである。

私はこんなふうに「陛下」という語を発語する人とはじめて会った。

宮中の祭事について、私たちはほとんど何も知らないけれど、新嘗祭などは夕方から深夜まで続き、その間楽師たちは奏楽し続けている。祭事が終わる頃には楽師たちも疲弊し果てているが、陛下もまた蒼白となって、よろめくように賢所から出て来られるそうである。

この国の五穀豊穣を神に感謝する祭事を、誰も見ていないところで、何人かの人たちが粛々と、骨身を削るようにして行っている。

「それがどうした」と思う人もいるだろうけれど、私はこういうのも一種の「雪かき」

仕事なんだろうと思う。

その仕事の意味や有用性について誰も保証してくれない仕事を、それを完遂しても誰からもねぎらいの言葉がかけられない仕事を黙って行っているからである。

安倍さんの言葉の端々からはそういう報われることの少ない仕事に全身を捧げている人に対する真率な敬意が伝わってきた。

そして、「真率な敬意」というものが私たちの社会では今やどれほど希有のものかを思い知ったのである。

僕が天皇に敬意を寄せるわけ

——戦後70年の戦没者慰霊のため、天皇、皇后両陛下が2015年4月上旬、旧日本兵1万人が全滅した激戦地、パラオのペリリュー島を訪れて献花した、という報道がありました。この旅は、両陛下の安倍批判であり「『護憲の旅』だった」と書いた週刊誌もあったようです（『サンデー毎日』2015年5月3日号）。そこで、「日本国憲法第9条の最後の守護者は天皇とアメリカ合衆国である」という趣旨の発言をたびたびしておられる内田先生の真意をお訊ねしたく質問します。今の天皇と天皇制について、どう考えておられるのか、改めて教えてください。

◉口にするたびに目が潤む

天皇、皇后両陛下については個人的に控えめな敬意を寄せております。前に天皇の身近くに仕えている方のお話を伺う機会があったんですけれど、その方が「陛下は……」というたびに、ちょっと涙目になるんです。その方の口ぶりから今上天皇が周囲の人たちから深く敬愛されていることがうかがい知れました。周りの人がその人の名を口にするたびに目が潤むというような人物はめったにはおりません。

前の昭和天皇は人間としての底が知れないところがありました。言っている言葉と心の中で思っていることの間にだいぶ乖離《かいり》があるように思えました。でも、今上天皇に関しては、言葉のとおりのことが本心だろうと思います。護憲を訴える言葉も、世界平和を願う言葉も、被災地に行って市民へ語りかける言葉も、「決められた台詞」を棒読みしている感じがしません。聞く人の胸にちゃんと伝わる言葉を語られている。官僚の書いた作文を読み上げているだけの首相のコメントとは重みも手触りも違います。

今上天皇は政治とはっきり一線を画した立場にあり、その点では明治天皇以来の「近代天皇制」から離れて、古代以来の天皇の立ち位置に戻っていると思います。

天皇の本務はもともとすぐれて宗教的なものです。天皇の最優先の仕事は祖霊の鎮魂と庶民の生活の安寧のために祈願することだからです。草木国土のすべてに祝福を贈り続けることを専一的にその職務とする「霊的なセンター」がなければ共同体は成り立ちません。

そのことを今上天皇はよく理解されていると思います。その点では「ローマ法王」に似た存在なのかも知れない。

「たかき屋にのぼりてみれば煙立つ　たみのかまどはにぎはひにけり」という仁徳天皇の御製が今に伝えられています。庶民の生活が豊かになって、家々から炊飯のけむりが立ち上がっているのを見て、帝がそれを言祝《ことほ》ぐという趣旨の歌です。この歌が久しくわが国で選好されてきたのは、民の生活を気づかい、祝福を贈ることが天皇制の本義であり、それ以外の行政であったり軍事であったりという仕事は天皇の本務ではないということについての広汎な国民的合意があったからだと思います。

「たみのかまど」を気づかい、宮殿の修理も着物の新調も思いとどまったことを天皇の威徳としてたたえてきた人々は、その讃辞を通じて、天皇が「領土を拡げたいから兵士になって戦争に行け」とか「偉容を示したいから土木工事に出てこい」とかいうようなことを命じることはありえないはずだ、と無言のうちに訴えていたのだと思います。

◉明治維新でマッチョな「大元帥」に

天皇の政治的存在感が際立ったのは、日本の歴史の中では例外的です。12世紀の鎌倉時代から明治時代まで、歴代天皇は、ほとんど存在感がありません。その700年、安徳天皇から明治天皇までの間、皆さんは何人の名前を挙げられますか？『太平記』の主要登場人物であった後醍醐天皇を除くと、その間、カラフルな事績によって歴史に名を残した天皇はほとんどいません。

戦国末期から江戸時代の天皇たちは総じて宮中奥深くに引き籠もっていました。笛の名手だったとか、歌道に明るかったとか、能書家であったとかいう事績だけはかすかに伝えられていても、歴史の表舞台とは縁がありませんでした。

それが明治になって一変した。欧米列強に伍すために、一神教的イデオロギーと中央集権的統治システムを短期間のうちに設計することが急務となったからです。そのために天皇が利用された。明治維新の革命家たちは明治天皇を京都御所の暗がりから引きずり出して、ナポレオン3世とかウィルヘルム2世のような英雄的人物に仕立て上げようとしたのです。

国策とはいえ、過去に前例のない皇帝タイプへの人物造形を強いられたわけですから、明治天皇のご苦労はたいへんなものだったと思います。

侍従に旧幕臣で剣客として知られた「赤誠の人」山岡鐵舟を登用したのも、明治天皇に

「男というのはこういうものだ」というロールモデルを提示することが目的だったからでしょう。それまで天皇が学んできた帝王学のうちに「戦う男」としての自己形成プログラムなんか含まれていませんでした。まわりにいたのは公家さんたちだけですから。それがいきなり山岡鐵舟ですから、明治天皇もずいぶんびっくりされたんじゃないでしょうか。

でも、そうやって祭司であり、美的生活者であった天皇を明治政府は無理やりに「大元帥」に造形した。その無理が敗戦まで70年あまり続いた。そして、戦争が終わって、昭和天皇は「人間宣言」をしたわけですけれど、あれはべつに「市民になります」と宣言したわけじゃない。孝明天皇以前の「天皇本来の職務に戻ります」という宣言として理解すべきだと思います。

近世までの天皇は別に「現人神」だったわけじゃありません。古くは蘇我氏・藤原氏からそのときどきの権力にコントロールされて、その意に反して廃位されたり、流刑にされた天皇は枚挙にいとまがありません。天皇というのは、政治的にはつねに「弱い」存在でした。「強い天皇」「軍を統帥する大元帥」というイメージは、明治政府が作為的に構築したものです。そのマッチョな天皇像が意に沿わないということは3代の天皇はずっと感じていたんじゃないでしょうか。だから、「人間宣言」で昭和天皇はずいぶんほっとしたんじゃないかと思います。

◉安倍首相は頭から無視している

安倍首相は天皇に対する崇敬の気持ちがまったく感じられないという点において、歴代首相の中でも例外的だと思います。天皇の発言を頭から無視している。天皇が迂回的な表現をとって伝えようとしているメッセージの真意をくむための努力をまったくしていない。安倍首相がわずかに関心を示す宗教行為は靖国神社参拝だけですが、そこはまさに2代にわたって天皇が「招かれても、行かない」ときっぱり拒絶した場所です。逆に安倍首相は何をおいてもそこに行きたがる。靖国神社ひとつをとっても、安倍首相が天皇の真意をくむ気がないということは明らかです。

もう一つ、憲法があります。天皇は憲法については機会があるたびに「憲法を護ること」が自分の責務であると誓言しています。憲法第99条の「天皇又は摂政及び国務大臣、国会議員、裁判官その他の公務員は、この憲法を尊重し擁護する義務を負ふ」という条文を誠実に履行している。

一方の首相の方は、憲法を尊重する気も擁護する気もない。「みっともない憲法」だから早く廃絶したいと公言し、改憲がむずかしいとなると「安全保障環境の変化に応じて、憲法解釈を変えることは政治家の責務だ」とまで言い出した。

天皇と首相のありようの違いは、彼らのたたずまいをみればわかります。天皇は「日本国民の安寧」を願うという本務を粛々と果たし、首相は「立法府、司法府を形骸化して、独裁体制を作ること」をじたばたと切望している。両者の語る言葉の重さの違い、国民に向かうときの誠実さの違いは、日本人なら誰でもわかると思います。

政治と祭祀を2つに分かち、現実政治の専門家と霊的事業の専門家を分離した「ヒメ・ヒコ制」は古代の列島住民が着想したすばらしい人類学的装置でした。天皇制はその遺制の知恵を今に伝えています。

ですから、天皇と首相のそれぞれが発信するメッセージに大きな隔たりが生じると、僕たち国民は困惑します。どちらの言うことを信じるべきか。でも、困惑していいのだと僕は思います。困惑した国民が政治家に向かって「ちょっと待って」と一言上げるきっかけになるなら、それこそが天皇制の功徳と言うべきでしょう。

II
憲法と民主主義と愛国心

「大衆」の変遷

私自身は高校生のときから大学院生の頃まで吉本隆明の忠実な読者だったが、その後、しだいに疎遠になり、埴谷雄高《はにやゆたか》との「コム・デ・ギャルソン論争」を機に読まなくなった。その消息については別のところに書いたのでもう繰り返さない。たぶんその頃、吉本がそれまで政治評論において切り札として使っていた「大衆」という言葉にリアリティを感じられなくなってしまったからだろうと思う。

だが、それは吉本のせいではない。彼がその代弁者を任じていた、貧しくはあるが生活者としての知恵と自己規律を備えていた「大衆」なるものが、バブル経済の予兆の中でしだいに変容し、ついには物欲と自己肥大で膨れあがった奇怪なマッスに変貌してしまったことに私自身がうんざりしたからである。マッスに思想はないし、むろん代弁者も要さない。そんな仕事は電通とマガジンハウスに任せておけばいい。私はそんな尖った気分で吉本の「大衆論」に背を向けてしまった。

60年代に吉本隆明は「大衆の原像」というつよい喚起力を持つ言葉を携えて登場した。そして、戦前からの左翼運動が一度として疑ったことのない「革命的前衛が同伴知識人を従えて大衆を領導する」という古典的な政治革命の図式を転倒させてみせた。それはたしかに足が震えるような衝撃だった。

「庶民や大衆は、複雑な抵抗多い日常体験をもとにして、知識人、文化イデオローグ、思想イデオローグの優位にたつ可能性をもっているのが、日本の社会における特質であるということができる」(「知識人とは何か」、『吉本隆明全集6』、晶文社、2014年、160頁)。

政治的な言葉というのは、それまでは政治的知識人の専管物と思われていた。大衆がその固有の生活実感に基づいて語る言葉が政治的たりうること、それればかりか知識人よりも優位に立つ可能性を持っていると言い切った左翼知識人は吉本以前にはいなかった。

もちろん大衆の日常の身体実感のうちに潜む政治的エネルギーを功利的に活用しようと

した思想家はいくたりもあった。というより、大衆の「複雑な抵抗多い日常体験」が分泌する情念をこそ日本のファシズムはその滋養としたのである。だから、誰が大衆の思想的代弁者なのかということはきわめて本質的な問いであった。戦前の左翼と右翼の間で争われたのは「大衆の思想的代弁者」を名乗る権利であり、その帰趨は周知のごとくである。

吉本の「転向論」は、なぜ戦前の左翼知識人たちがついに大衆の思想的代弁者たりえなかったのかを問うたものである。本来なら彼よりずっと年長の知識人たちが「自分の問題」として引き受けるべき問いを、吉本は転向経験を知らない世代でありながら、自らの問いとして引き受けた。

吉本隆明は敗戦時二十歳だった。彼よりもう少し年長の知識人たちは、戦前は「プロレタリア」の旗を振り、戦中は「八紘一宇」や「皇運扶翼」の旗を振り、戦後は「民主主義」の旗を振った。彼らはそのつどの支配的な言説になびいて生き延びた。草莽《そうもう》の臣として「大君の辺にこそ死」ぬことを本望としていたかつての軍国少年は敗戦をまたぐ彼らの「変節」につよい嫌悪を感じたのである。

吉本世代の経験は、喩えてみれば、生まれてからずっと閉鎖病棟の中で過ごしてきた子どもが、ある日「この病棟で行われてきたことはすべて間違っていた。ここはもう閉院するから今すぐ出て行け」と言われたのに似ている。子どもたちはその病棟で、少ない年数ながら、四季の移ろいを味わい、師友に出会い、恋人を思い、書を読んできた。それぞれの経験がもたらした感動は、誰が何と言おうと、本人にとっては唯一無二、かけがえのないものだった。それらの経験すべてを「間違った治療行為がもたらしたものだったので、なかったことにしてほしい」と言われていきなり「なかったこと」にできるものではない。

戦後日本が「なかったこと」にしようとしている戦前の日本に吉本隆明は文字通り「自分の半身」を遺していた。それを切り捨ててしまったら、自分の半分は死んでしまう。戦前の日本に遺したわが半身を何とか奪還し、戦後の半身に縫合しなければ、（戦場であるいは空襲で死んだかも知れない）二十歳までの自分が浮かばれない。だから、「草莽の臣」として首尾一貫していたおのれの少年時代と、プロレタリア知識人として首尾一貫していたおのれの青年期を思想的にも身体的にも架橋しなければならない。それが吉本隆明にとって個人的な喫緊の課題であり、「転向論」はそのための理論的基礎づけであった。

「転向論」は日本共産党の指導者であった佐野学、鍋山貞親の獄中転向の分析から始まる。吉本はこれを権力による脅迫によるものではなく、自発的なものと解した。

「むしろ、大衆からの孤立（感）が最大の条件であったとするのが、わたしの転向論のアクシスである」（「転向論」、『吉本隆明全著作集13』、１９６９年、勁草書房、9―10頁）。

佐野たちは「わが後進インテリゲンチャ（例えば外国文学者）とおなじ水準で、西欧の政治思想や知識にとびつくにつれて、日本的小情況を侮り、モデルニスムスぶっている、田舎インテリにすぎなかった」。そして、転向とは「この田舎インテリが、ギリギリのところまで封建制から追いつめられ、孤立したとき、侮りつくし、離脱したとしんじた日本的な小情況から、ふたたび足をすくわれたということに外ならなかったのではないか」（同書、10頁）。

この時期の転向者たちは、獄中で仏教書や日本の国体思想についての書物を読んで、その深遠さに一驚して、一夜にして天皇主義者になるという定型を歩んだ。これを吉本は「日本的小情況への侮り」の必然的帰結と見なしたのである。

「この種の上昇型のインテリゲンチャが、見くびった日本的情況を（例えば天皇制を、家族制度を）、絶対に回避できない形で眼のまえにつきつけられたとき、何がおこるか。かって離脱したと信じたその理に合わぬ現実が、いわば、本格的な思考の対象として一度も対決されなかったことに気付くのである」(同書、17頁)。

「転向」は戦前の左翼に限られない。戦後日本においても、「転向」はその意匠を変えて繰り返されるだろう。戦後知識人たちも今はマルクスやフロイトやサルトルといった名前をちらつかせて、「日本的小情況」を軽々と乗り越えた気になっているけれども、その思想が「日本の社会構造の総体によって対応づけられない」ものにとどまる限り、いずれ「理に合わぬ現実」を突きつけられたときに、一気に転向するだろう。吉本はそう暗鬱に予言した。

この毒のある予言にはっきり「否」と答えることのできる知識人はその当時の日本にはほとんどいなかった。左翼知識人の多くはおのれの戦前の政治的経験を思想的瓦礫《がれき》のうちに捨ててきたからである。「あれはなかったことにする」というのが彼らの暗黙の了解だった。その中にあって吉本隆明だけがその「擬制」であることを痛撃したのである。

それゆえ、吉本の「転向論」はリアルタイムにおける「知識人と大衆の対立」の二元論としてではなく、むしろ「戦勝国の知的・言説的支配下にある日本国民」と「忘れ去られ、誰も弔う人のいない大日本帝国臣民」の対立のうちに読むべきではないかというのが私の仮説である。

戦争が終わったとき、「大日本帝国臣民」の名において戦争の責任を引き受けると宣言したものはいなかった。戦争指導部の人々でさえ、開戦は自分の本意ではなかったという見苦しい言い訳を口にした。あの戦争には主体がなかった。戦争の主体がいないのだから、敗戦の責任者がいるはずもない。当然にも「私が帝国の統治システムの瑕疵《かし》や政策決定プロセスの欠陥について自己検証し、戦後の日本のあるべき政体を設計する」と名乗りうる戦後日本の再建主体もいるはずがない。「一億総懺悔《ざんげ》」とはそのことである。

戦前の日本をあたかも汚物のように、悪夢のように組織的に切り捨て、忘却して、戦後の言説空間に滑り込んだ知識人たちに対して、吉本隆明はあくまで「大日本帝国臣民としての戦争責任の取り方」にこだわった。むろん、このようなスタンスでの異議申し立てをなしたのは吉本ひとりではない。大岡昇平も鶴見俊輔も江藤淳も、それぞれのしかたで「戦前に遺した半身」を戦後の我が身に縫合するという困難な仕事に取り組んだと私は思っている。

吉本の思想的オリジナリティは「日本国民」対「大日本帝国臣民」という時間軸上の（出会うことのなかったものたちの）対立を、現代における「知識人」対「大衆」の（今出会いつつあるものたちの）対立に「ずらして」みせたことにある。

「誰が真の大衆の代弁者なのか？」という問いが切迫した政治的問いとなるのは、そのような文脈においてである。それは言い換えると（吉本自身はついに口にしなかったが）、「誰が大日本帝国臣民の日常的経験と日本国民の日常的経験を架橋し、二つの声域で同時に語ることができるか？」という問いだったからである。60年安保闘争の思想的賭け金はまさにそこにあったと私は思う。

岸信介首相は国会を取り巻くデモについてのコメントを求められて、「国会周辺は騒がしいが、銀座や後楽園球場はいつも通りである。私には『声なき声』が聞こえる」と言ってのけた。永田町で展開している激烈な政治闘争をよそに、銀座で買い物をし、後楽園で野球を楽しんでいる大衆はまさにその政治的無関心によって自民党政府に無言の信認を与えている。岸はそう述べて、「政治的にふるまわない人々の政治性」を政権の側に奪い取ろうとした。吉本の「大衆の原像」論は、この岸の「『声なき声』はステイタス・クオを支持する声だ」という命題をまっこうから切り立てた。

政治闘争に背を向けて、銀座で買い物をし、後楽園球場で歓声を上げる人々は、果たしてその政治的無言を通じて何を言わんとしているのか。それは岸が言うように「パンとサーカス」が提供されるなら独裁も対米従属も受け入れるという退廃のシグナルなのか、それともかつて満州国経営で辣腕《らつわん》を揮い、戦犯として収監されながらアメリカの「エージェント」として奇跡的な復活を遂げた政治家の策謀に対する棘《とげ》のある無関心なのか。果たして大衆は無言であることを通じて何を言おうとしているのか。その「無言の翻訳者」の任に誰が就くべきなのか。権力者か庶民派の詩人か、いずれがこの「非政治的大衆の無言」の代弁者の資格を占有できるのか。そのしのぎを削るような戦いこそが戦後政治思想の最前線なのだと見通した点に吉本隆明の天才性は存する。

吉本が洞察したのは「知識人」というポジションにとどまる限り、「大衆の代弁者」の地位を要求することはできないということであった。それができるのは、生活者として大衆でありながら、その日常体験を掘り下げ、汎通性のある思想の言葉に変換できるだけの知力をもった人間だけである。吉本隆明にはその任に堪えるのは自分の他にいないという自負があった。それは彼が現時的にプロレタリアであったからではない。彼は比較的富裕な下町のブルジョワの子弟であり、高等教育を受けた知識人だった。でも、彼は「戦前に半身を遺している」という点において、他の知識人に対して大きなアドバンテージがあった。彼がみずからを「ただの生活人だが、胸三寸に鉄火を呑んでいる大衆」(「大衆芸術運動について」、『吉本隆明全集6』、209頁)として任じ得たのは、「十五歳から二十歳までのあいだ太平洋戦争中、わたしはひとかどの文学青年だったが、この戦争で死んでもいいとおもっていたし、またそれは平気であった」(「頽廃への誘い」、同書、405頁)からである。かつて草莽の臣であったという一点において、そして、自分がそのようなものであったことを受け入れ、その意味をどこまでも掘り下げようとしているという点において、吉本隆明は「大衆」と「知識人」を止揚し、「大日本帝国臣民である自分」と「日本国民である自分」を縫合するという知的冒険の先頭走者であることができたのである。

吉本隆明が政治的ヒーローであった時期に、今私がしているような言葉づかいで吉本のアドバンテージを説明した人はいなかったように思う。けれども、吉本自身は政治的前衛の崩壊という戦前の出来事とのかかわりの中でしか現在の政治状況を語ることはできないと繰り返し語っていた。

「きみたちは、きみたち自身と歴史的にたたかったことはない。これはいいかえれば、現実をかえるために、現実的にたたかったことはないということを意味している」（「頽廃への誘い」、同書、４０３頁）。

吉本が革共同の学生を対話相手に想定して語ったこの言葉にある「自分自身と歴史的にたたかう」という言葉にこめられた深い含意に、このテクストを読んでいた当時の私は気づかなかった。今ここに現象している空間的な対立は、歴史的な推移の中で「新たに登場してきたもの」と「姿を消しつつあるもの」の時間的な対立と置き換え可能だ、吉本はそう考えていたのである。彼自身がそう語っている。

「歴史というもの、歴史の過去というものは、同時に地域の相違に移し変えることです。そして、逆にまた、地域の差異は、同時に時代の差異に移し変えられるということが、歴史を見ていく場合にひじょうに重要なことです」（「南方的要素」、『吉本隆明〈未収録〉講演集１』、２０１４年、筑摩書房、１３３頁）。

大衆とは、政体の変遷にも、知識やイデオロギーの盛衰にもかかわりなく、その生活者としての揺るがぬ身体実感と経験知に基づいて「その日常的な精神体験の世界に、意味をあたえられるまで掘り下げる」(『日本ファシストの原像』、『吉本隆明全集6』、199頁) ことのできるもののことである。そのような大衆しか「戦争体験と責任の問題に対処できる」主体たりえない。「この方法だけが、庶民を、イデオローグや、イデオローグの部分社会にたいして優位にたたしめ、自立させる唯一の道である」(同書、201頁)。吉本はそう書いた。

たしかに、そう書かれると「大衆」というのは歴史的条件の変化にかかわらず相貌を変えることのない超歴史的「常数」のようなものだと私たちは思ってしまう。けれども、それはやはり違う。吉本のいう「大衆」もまた歴史的形成物であることに変わりはないのである。「戦争体験と責任の問題に対処できる」主体たりうるような「大衆」はある種の歴史的条件が整ったことによって登場し、その歴史的条件が失われたときに消失してゆく。

吉本は大日本帝国臣民という仮想的な立ち位置から戦後思想を撃つというトリッキーな戦術によって一時期圧倒的な思想的アドバンテージを確保した。しかし、吉本のアドバンテージもまた歴史的条件によって規定されたものである以上、時間の経過とともに消失してゆくのはやむを得ないことであった。日本人のほとんどが「大日本帝国臣民である生活者」たちの相貌についての記憶を失った１９８０年代に、日本人は吉本隆明の「大衆」という言葉が何を指示しているのかしだいにわからなくなった。そのとき吉本隆明の政治思想の批評性がその例外的な「切っ先」の鋭さを失ってしまったとしても、それは歴史の自然過程という他ない。

山本七平『日本人と中国人』の没解説

山本七平の『日本人と中国人』の文庫化に伴い、解説を書いてほしいと頼まれて書いた。この本の著者はイザヤ・ベンダサンという架空の人物であることになっており、著作権継承者が「イザヤ・ベンダサンは山本七平の筆名」だということを認めていないので、誰が書いたのか曖昧にしたまま解説を書いてくれと原稿を送ったあとに言われたので、「そんな器用なことはできません」と言って没にしてもらった。

でも、せっかく書いたので、ここに掲載して諸賢のご高評を請う。

『日本人と中国人』はかつて洛陽の紙価を高めた山本七平の『日本人とユダヤ人』を踏まえたタイトルであり、その造りも似ている。いずれも「日本人論」であって、タイトルから想像されるような比較文化論ではない。中国人もユダヤ人も、日本人の特性を際立たせるために採り上げられているだけで、主題的に論じられているわけではない（『日本人とユダヤ人』では、著者イザヤ・ベンダサンが「米国籍のユダヤ人」であるという虚構の設定に説得力を持たせるために、ユダヤ・トリヴィアがところどころに書き込まれていた。だから、「日猶比較文化論」として読むこともまったく不可能ではなかったが、本書は「日中比較論」として読むことはできないし、著者にもその意図はなかったと思う）。

読めばわかるとおり、ここには中国のことはメディアから知れる以上のことはほとんど書かれていないし、そもそも著者は中国のことにはあまり関心があるようには思われない。彼が興味を示すのは日本人の思考パターンであり、伝統的に日本人の脳内に結像してきた「中国という幻想」なのである。これについては山本自身の言葉を引く方が話が早い。

「日本人が明確に隣国という意識をもちつづけたのは実は中国だけだと言ってよい。（…）日本が中国に対等であろうとするとき、そこに出てくるのは常に中国からの文化的独立という姿勢なのである。といっても、中国の影響力は余りに決定的なので、中国文化を否定すれば自己を否定することになってしまう。こういう場合、（…）中国の隣接諸国への文化的支配の形態をそのまま自国に移入して、これで中国に対抗するという形にならざるを得ないのである」（『日本人と中国人』、112-113頁）。

中国の文化的支配力に対抗するために日本人が発明したのが「天皇制」であるというのが山本の創見である。こういうふうに天皇制を見立てた人が山本の他にあることを私は知らない。ことの当否は措いて、これまでに誰も言ったことがないアイディアを提出する人のリスクを怖れぬ構えに私はつねに深い敬意を抱く。

ご案内の通り、中国は中華思想に基づく華夷《かい》秩序のコスモロジーに律されている。宇宙の中心には中華皇帝がいる。そこから同心円的に世界に「王化の光」が拡がる。光は周縁部に行くほどに暗くなり、そのあたりの住民もしだいに未開・野蛮な「化外《けがい》の民」となる。「文化的に君臨すれども政治的に統治せず」というのが中国の隣国への態度だと山本が書いているが、「王化の光」が届くということが「文化的支配」である。それは政治的な実効支配をさしあたり意味しない。「化外の民」たち（もちろん「東夷」たる日本列島住民もそこに含まれる）はいまだ「王化の光」に浴していないだけであって、機会を得ればいずれ開化されて皇帝に臣従するかも知れないし、開化されないまま禽獣《きんじゅう》のレベルで終わるかも知れない。どちらに転ぼうと、それは「そちらの事情」であって、中華皇帝の与《あずか》り知らぬことである。華夷秩序というのは、そういう考え方である。良いも悪いもない。そういうふうに考える人たちが隣国にいて、日本列島住民は久しくその圧倒的な文化的影響下にあったということである。

本書のオリジナリティはこの「東夷」のポジションが天皇制イデオロギーを生み出したという「発見」に存する。

天皇制はなかなか複雑な構造になっている。中華皇帝の支配を退けて、日本列島の政治的文化的独立を達成するというのがその最終目的である。そのために、国内的に対抗的に「中華皇帝のようなもの」を創り出す。これが天皇制である。ここまでの理路はわかる。わかりにくくなるのはその先である。天皇制とは「中華皇帝に見立てられた天皇」を「雲上に退ける」ことによって中国の支配をも「雲上に退ける」という仕掛けである。いわば藁《わら》人形を憎い人間に見立てて、それに釘を打ち付けて呪うという呪術と同質の機制である。

「従って中国も天皇も、政治から遠いほどよいのであって、天皇は、北京よりもさらに遠い雲上に押し上げねばならない。

このことは日本の外交文書を調べれば一目瞭然で、国内における天皇の政治的機能を一切認めない人びとが、ひとたび外交文書となれば、やみくもに天皇を前面に押し出し、日本は神国だ神国だと言い出すのである」（同書、114頁）。

だから、日本における天皇制イデオローグたちは天皇その人の政治的信念や人間性には一片の関心も持たない。彼らが服従しているのは「雲上に押し上げ」て、純粋観念と化したせいで、取り扱いが自由になった「みずからの内なる天皇」であって、現実の天皇ではない。これによって「内なる天皇」を抱え込んだものは日本社会のみならず、隣国をも含んだ世界秩序の頂点に立つことになる。

「尊皇思想に基づく『内なる天皇』を抱くその者が、あらゆる権威と権力を越えて、その思想で天皇自身をも規定できる絶対者になってしまう。そしてこの権威を拒否する者がいれば、究極的には、それが天皇自身であっても排除できることになるであろう」（同書、280-281頁）。

だから、二・二六事件の将校たちは天皇の任命した高官を射殺し、天皇の統帥権を侵して無断で兵を動かすこともすべて「天皇への絶対服従」を証す行動だと信じることができた。自分たちの処刑を望んだ天皇を獄中から呪った二・二六事件の磯部浅一や、終戦の「ご聖断」を退けてクーデタを企てた宮城事件の畑中健二少佐らにおいても発想は変わらない。自分たちの心の中に本籍地を持つ「内なる天皇」の方が現実の天皇よりも上位にあるからこそ彼らは「内なる天皇」に嬉々として従ったのである。

ここから日本人の外から見るとまったく理解しがたいさまざまな集団的行動が導かれる。集団的妄想としての「内なる天皇」「内なる中国」と現実としての「外なる天皇」「外なる中国」というまったく別のものが同一名詞で指称されることによる混乱である。

足元に土下座し、とりすがり、泣訴して、自らの誤りを懺悔したかと思うと、一転してその相手を足蹴にし、唾を吐きかける。この態度の急変の「トリガー」になるのは感情であって論理ではない。それまで許しを請い、拝跪《はいき》し続けていた者が、土下座の屈辱感がある閾値《いきち》を超えると、いきなり凶悪な相貌に変じて殴りかかってくるようなものである。外から見ていると気が狂ったとしか思えない。

山本はかつて日米開戦のきっかけを作ったのは戦争指導部内の「空気」だったという卓見を語ったことがある。「空気」でものごとが決まるというのは、論理がないということである。本書においても、日本は軍国主義だったかという問いに山本は否と答える。

「戦前の日本に、はたして軍国主義《ミリタリズム》があったのであろうか。少なくとも軍国主義者は、軍事力しか信じないから、彼我《ひが》の軍事力への冷静な判断と緻密《ちみつ》な計算があるはずである」（同書、39頁）。

だが、日本の戦争指導部には何の判断も計算もなかった。

「こういう計算は、はじめから全く無いのである。否《いな》、南京攻略直後の情勢への見通しすら何一つないのである。否、何のために南京を総攻撃するかという理由すら、だれ一人として、明確に意識していないのである。これが軍国主義《ミリタリズム》といえるであろうか。いえない。それは軍国主義《ミリタリズム》以下だともいいうる何か別のものである」（同書、40頁）

ドイツの周旋で日中の停戦合意が成ったあとに、日本軍はそれを守らず、南京を総攻撃した。和平の提案を受諾したのち、ただちにそれを反故にして総攻撃を命令したのである。

問題はこれが周到に起案された裏切りではなく、この決定を下した者が、実はどこにもいなかったという「驚くべき事実」の方にある。

日本が受諾した和平の提案を日本が拒絶した。それは政府の停戦決定を国民感情が許さなかったからである。山本はこれを「感情による批准」と呼ぶ。感情という裏付けのない条約や法律は破っても空文化しても構わない。なぜそれほどまでに国民感情が強大な決定権を持つのか。それは上に述べた通り、日本人においては、敬愛の対象がたやすく憎悪の対象に、嫌悪の対象が一転して崇敬の対象に「転換」することが国民感情の「常態」だからである。ひとたび「排除」に走ったら、ひとたび「拝跪」に走ったら、もう誰も感情を押しとどめることができない。人々は「空気」に流されて、どこまでも暴走する。

それが日本人の病態であることを山本七平は対中国外交史と天皇制イデオロギーの形成を素材にして解明してみせた。

決して体系的な記述ではないし、推敲も十分ではなく、完成度の高い書物とは言いがたいが、随所に驚嘆すべき卓見がちりばめられていることは間違いない。何より、ここに書かれている山本の懸念のほとんどすべてが現代日本において現実化していることを知れば、読者はその炯眼《けいがん》に敬意を表する他ないだろう。

陸軍というキャリアパスについて

凱風館の寺子屋ゼミでは1936年の二・二六事件と現在の「空気」の近さが話題になった。

統制派と皇道派の対立の賭け金は何だったのか?

何が蜂起した青年将校たちの「政治的正しさ」を主観的には根拠づけていたのか?

資料的なことを私は知らないが、大筋はわかる。

二・二六はテロリズムだから、皇道派の「求めたもの」が浪漫的に脚色されすぎて、見えにくくなっているものがある。このテロ事件にはもっとリアルなものが伏流していた。

ポストである。

その前年に相沢事件というものがあった。

統制派の首魁、永田鉄山陸軍少将が皇道派の相沢三郎中佐に軍務局長室で斬殺された事件である。

陸軍内部に二つの勢力があり、そのポスト争いは平時に軍人同士が殺し合うほど深刻なものだったというのは冷静に考えるとかなり異常なことである。

ふつうの組織でも、派閥はあるし、ポスト争いもある。でも、人までは殺さない。

軍内部の人事異動（直接には真崎甚三郎教育総監の更迭）の「黒幕」だという風説を信じて相沢は永田を殺した。

これを説明するためには、「教育総監」というポストが軍内部でどれほどの意味を持っていたのかを考えなければならない。

統帥権というものがある。

陸海軍への統帥権で大日本帝国憲法では天皇に属していた。

戦略の決定、軍事作戦の立案、指揮命令、陸海軍の組織編制・人事職務の決定にかかわる権限である。

形式的には天皇に属するけれども、まさか天皇が軍内部の人事異動まで起案できるはずがない。そういうものは軍で作って、「こんな案でいかがですか？」と上奏する。

通常はそのまま裁可される。

この権限を「帷幄上奏権」という。

この権限を持つのが陸軍参謀総長、海軍軍令部長、陸海軍大臣、そして陸軍教育総監であった。

帷幄上奏によって軍事にかかわるすべての勅令は下るわけであるが、政府や帝国議会はこれに介入することができなかった。

軍縮条約への調印とか、軍事予算の審議まで、政府が行うことを「統帥権の侵犯」と言って、軍部がクレームをつけることがしばしば行われた。

1931年のロンドン海軍軍縮条約は兵力編制にかかわる決定であるが、浜口雄幸総理大臣は海軍軍令部からの「統帥権干犯」という抗議を抑えて議決し、天皇の裁可を得た。これは当時国論を二分する論争となり、そのために浜口はテロに遭った。

その後、西園寺公望の推挽で総理になった犬養毅も軍縮に手をつけようとして五・一五事件で殺害された。

以後、政府や議会による統帥権干犯は絶対の禁忌となった。

軍事費が毎年の国家予算の50〜70%を占めるような国家において、帷幄上奏権を持つものはもはや総理大臣よりも大きな権力を行使できたのである。

そのような強大な権力の座に、軍内部での「出世競争」を勝ち抜きさえすれば、手が届いたのである。

これほど狭い集団内部での競争で国家権力の中枢までの「キャリアパス」が通ったことは歴史上希有のことである。

この時期の、特に陸軍に関する記述を読んだ人は陸軍軍人たちの「略歴」に必ず「陸軍士官学校の成績順位」と「陸軍大学での成績順位」が記載されていることに気づいたはずである。

日本の近代史に登場する無数の人々のうちで、「学校の成績順位」がその人の最も重要な属性の一つであり、その人の行動の意味を説明する重要な根拠となっているような人物は陸軍軍人の他にない。

略歴に「陸大を首席で卒業」と書いてあれば、私たちは「なるほど」と思う。

それは彼が順調に出世すれば、いずれ参謀総長か陸軍大臣か教育総監か、帷幄上奏権の保持者になることを高い確率で意味していたからである。

「勉強がめっぽうできる」ということが「天皇の君側で総理大臣以上の権限を揮《ふる》う」こ

とに直結するような職業は戦前の日本には陸軍しかなかった。

私たちは「軍隊」という言葉から、つい「武略」とか「士魂」というような浪漫的な気質を想像するが、戦前の日本について言えば、陸軍こそは「勉強ができること」がそのまま国家中枢への道に直接つながる、「すばらしくコスト・パフォーマンスのよいキャリアパス」だったのである。

そして、その「合理的なキャリアパス」の合理性を阻んでいたのが、陸軍の「長州閥」、海軍の「薩州閥」であった。

統制派も皇道派も、いずれも藩閥によるポスト独占にははげしく批判的であった。皇道派の重鎮荒木貞夫は旧一橋家の出、真崎甚三郎は佐賀、相沢は仙台藩、統制派の永田は信州諏訪、東条英機と板垣征四郎は盛岡、石原莞爾は庄内。どれも藩閥の恩恵に浴する立場にない。

1921年に永田ら陸軍16期の秀才たちがひそかに合意した「バーデンバーデン密約」は軍制の近代化をめざしたものだが、人事的には「陸軍における長州閥打倒」ということに尽くされた。

その長州閥は1922年の山縣有朋の死で後ろ盾を失い、1929年、田中義一の死によって途絶えた。

このときに、陸軍内部にはある種の「人事上のエアポケット」が生じた（のだと思う。専門家じゃないから資料的な根拠はないので、以下は私の暴走的思弁である）。

その中で人事上のヘゲモニーをめぐって統制派と皇道派の対立が急速に過激化する。だから、両派はイデオロギー上の違いによって截然《せつぜん》と分かれたゲマインシャフトというよりはむしろ「パイの分配」をめぐってアドホックに形成されたゲゼルシャフトだったと考えることができる。

現に、林銑十郎のように、皇道派と統制派の間に立って、どちらの派閥についたら「有利か」を考えていた軍人は少なくなかった。

この推理にどれほど妥当性があるのか、わからない。

でも、一般論として、「強大な権限にアクセスするための『ショートカット』が存在する」という場合に、人間はだいたいろくなことはしないというのが経験的に真である。

強大な権限にアクセスする資格は、いくつもの「修羅場」を生き残り、その人格識見のたしかさについて高い評価を得てきた人に限定する方が国は安全である。

私たちがとりあえず覚えておくべきなのは、統帥権という擬制によって、軍内部での人事異動という「内輪のパワーゲーム」に勝ち残りさえすれば、一般国民がその人物についてほとんど知るところのない軍人たちが、国政を左右できるというシステムが1930年頃に成立して、わずか15年でそのシステムが国を滅ぼしたという事実である。

対米従属国家の「漂流」と「政治的退廃」

私たちが「問題」と呼んでいるものの多くは長期にわたる私たち自身の努力の成果である。だから、それは「問題」というよりむしろ「答え」なのである。

私見によれば、現代日本の問題点の多くは、私たちが久しく「ある現実」から必死に目を背けてきた努力の成果である。私たちが目を背けてきた「ある現実」とは「日本はアメリカの属国であり、日本は主権国家ではない」という事実である。この事実を直視することを集団的に拒否したことから、今日のわが国の不具合のほとんどすべてが派生している。

日本は属国だというとすぐに怒り出す人たちがいるので、同じことをそれよりは穏やかな表現に言い換えてみる。日本国民は憲法制定の主体ではない。

日本国憲法は1946年11月3日に公布された。公布時点では「上諭」というものが憲法の「額縁」として付されていた。その主語は「朕」である。「朕は、日本国民の総意に基いて、新日本建設の礎が、定まるに至ったことを、深くよろこび、枢密顧問の諮詢及び帝国憲法第七十三条による帝国議会の議決を経た帝国憲法の改正を裁可し、ここにこれを公布せしめる」。憲法改正を裁可し、公布したのは天皇陛下である。だが、当の憲法前文を読むと、その憲法を制定したのは日本国民だと書いてある。「日本国民は（…）ここに主権が国民に存することを宣言し、この憲法を確定する」。これを背理とか没論理と言ってはならない。憲法というのはそもそも「そういうもの」なのである。

憲法前文が起草された時点で、憲法の制定主体となりうるような「日本国民」は存在しなかった。いなくて当然である。憲法施行の前日まで全日本人は「大日本帝国臣民」だったからである。憲法を確定するほどの政治的実力を有した「日本国民」なるものは、権利上も事実上も、憲法施行時点では日本のどこにも存在しなかった。

もちろんGHQと憲法草案について交渉をした日本人はいた。第9条第2項を提案したのが幣原喜重郎だったというのもおそらく歴史的事実だったであろう。けれども、そのことと「日本国民は（…）この憲法を確定する」という前文の間には千里の径庭《けいてい》がある。

憲法の制定主体は憲法内部的にも明文的にも規定されない。現に、憲法の裁可主体が「朕」であり、大日本帝国議会が憲法改正を議決したという事実は、日本国憲法の本文のどこにも書かれていない。同じように、憲法を制定したのは日本国民であるはずなのだが、その「日本国民」が何者であるかについては憲法内部には規定が存在しない（第10条に「法律でこれを定める」としてあるだけだ）。でも、憲法というのは「そういうもの」なのだ。

憲法の事実上の制定主体は、いかなる合法的根拠もなしに憲法を強制できるほどの圧倒的な政治的実力を有している。憲法を制定するのは超憲法的主体である。ふつうは戦争か革命かあるいはそれに準じる壊乱的事態を収拾した政治主体がその任を担う。日本国憲法の場合はダグラス・マッカーサーである。

米国務長官だったジョン・フォスター・ダレスは１９５６年に、日米安保体制とは「アメリカが、日本国内の好きな場所に、必要な規模で、いつでも、そして必要な期間に基地を置くことができる」ことだと語った。これは「アメリカは超憲法的存在だ」ということを軍事用語に言い換えたものである。この言明は今に至るまで撤回されていない。

私たち日本国民は憲法制定の主体であったことはない。だから、正直に言って、私たちは自分たちがこの国の主権者であるという実感を持ったことがない。教科書では「主権在民」と教えられたけれど、ほんとうの主権者は太平洋の向こうにいるということを私たちはずっと知っていた。国に主権がないのに国民が主権者でありうるわけがない。

けれども、日本がいつかアメリカから国家主権を奪還する日が来る、日本国民がいつか晴れて日本の主権者になれる日が来るのではないかということについては日本人は漠然とした期待だけは抱き続けていた。それが「対米従属を通じての対米自立」という国家戦略の意味である。対米従属は敗戦国にとってはそれ以外に選択肢のない必至の選択であり、また十分に合理的なものであった。そのおかげで日本は１９５２年にサンフランシスコ講和条約で国際法上の主権を回復し、１９７２年には沖縄施政権を回復した。これはまさに対米従属の「成果」と呼ぶべきものである。このペースでこのまま主権回復・国土回復（レコンキスタ）が続けばいずれ日本が主権を回復する日が来る、日本人はそう希望することができた。

そのうちに高度成長期が来て、「経済戦争でアメリカに勝つ」という途方もない希望がいきなり現実性を持ってきた。「エコノミック・アニマル」と国際社会では蔑まれたが、あれは「もしかすると国家主権を金で買えるかも知れない」という敗戦国民の脳裏に一瞬浮かんだ夢がもたらしたものだったのである。しかし、92年のバブル崩壊でその夢はついえた。

アジア地域で地政学的な存在感を増して、その実力を背景にアメリカに国家主権を認めさせるというプランは2005年の国連常任理事国入りの失敗で終わった。このとき日本の常任理事国入りの共同提案国になったアジアの国はブータン、アフガニスタン、モルジブの3か国のみだった。中国も韓国もASEAN諸国も日本の大国化を非とした。日本が常任理事国になってもそれは「アメリカの票が一つ増えるだけ」という指摘に日本の外交当局は反論できなかった。

この時点で、政治・経済分野における「大国化を通じての対米自立」というプランは水泡に帰した。指南力のある未来像を提示して国際社会を牽引するとか、文化的発信力で世界を領導するなどというのはもとより不可能な夢である。だから、2005年時点で、「対米従属を通じての対米自立」という戦後60年間続いた国家戦略は事実上終焉したのである。そして、それからあとは「対米自立抜きの対米従属」という国家の漂流と政治的退廃が日本を覆うことになった。

2012年のアーミテージ・ナイ報告書は「日本は一流国家であり続けたいのか、それとも二流国家に成り下がって構わないのか？　日本の国民と政府が二流のステータスに甘んじるなら、この報告書は不要であろう」という恫喝から始まる。日本政府はこの恫喝に縮み上がって「一流国でありたいです」と答えて、報告書のすべての要求に応じた（原発再稼働、TPP交渉参加、掃海艇ホルムズ海峡派遣、特定秘密保護法の立法、PKOの法的権限の拡大、集団的自衛権の行使容認、武器輸出の解禁などなど)。「一流国でありたければ、言うことを聞け」というような剝き出しの恫喝に叩頭する国を他国は決して「一流国」とも「主権国家」とも見なさないだろうということが頭に浮かばないほどに日本人はいつの間にか「従属慣れ」してしまっていた。

この急激な「腰砕け」は世代交代のせいだと私は思っている。1980年代まで、政・官・財の主要なプレイヤーは戦前生まれであり、「日本が主権国家であった時代」を記憶していた。彼らが生まれたときに祖国は主権国家であった。そして、自国の運命にかかわる政策を(それが亡国的なものであってさえ)他国の許諾を求めることなく自己決定することができた。それが「ふつうの国」であり、敗戦国日本はそこに回帰すべきだという「帰巣本能」のようなものをこの世代までの人々は持っていた。

けれども、21世紀に入ってしばらくすると「主権国家の国民であった記憶」を持ったこの人たちがいなくなった。今の日本の指導層を形成するのは「主権を知らない子どもたち」である。この世代(私もそこに含まれる)にとって「アメリカの属国民であること」は自明の歴史的与件であり、それ以外の国のかたちがありうるということ自体もうまく想像することができなくなっている。

敗戦国が戦勝国の属国になるというのは歴史上珍しいことではない。敗戦国がそのあと主権を回復することも同じく珍しいことではない。それができたのは、「われわれは属国という屈辱的な状況のうちにある。いつの日か主権を奪還しなければならない」という臥《が》薪嘗胆《しんしょうたん》・捲土《けんど》重来《ちょうらい》という気概を人々が長期的に保持していたからである。

日本の危機はその気概そのものが失われたことにある。今わが国の要路にある人々はおしなべて対米従属技術に長けた「対米従属テクノクラート」である。彼らはアメリカの大学で学位を取り、アメリカに知友を持ち、アメリカの内情に通じ、アメリカ政府や財界の意向をいち早く忖度できる。そういう人たちがわが政・官・財・学術・メディアの指導層を形成している。彼らは「対米従属」技術を洗練させることでそのキャリア形成を果たしてきた。そして、21世紀のはじめに「対米従属は対米自立のための戦術的迂回である」ということをかろうじて記憶していた世代が退場したあと、自分たちが何のためにそのような技術を磨いてきたのか、その理由がわからなくなった。もちろん彼らが対米従属技術に熟達したのは、たかだか個人的な「出世」のために過ぎなかった。だから、「対米自立」という大義名分が失われたとき、彼らは本能的に「対米従属こそが日本の国益を最大化する道だ」という新しい大義名分を発明し、それにしがみついた。これはほとんど宗教的信憑に類するものであった。

だが、「対米従属テクノクラート」たちのこの信憑を揺るがすものたちがいる。それは「アメリカから国家主権を奪還したい」という素朴な願いを今も持ち続けている人たちである。この「素朴な」人々は日本の国益とアメリカの国益はときに相反することを現実的経験として知っており、その場合には日本の国益を優先させるべきだと思っている。この人々の「常識」が開示されることを対米従属テクノクラートたちは何よりも恐れている。

それゆえ、「日本はすでに主権国家であるので、主権奪還を願うというのは無意味かつ有害なことである」というイデオロギーを国民に刷り込むことが対米従属テクノクラートにとっての急務となるのである。ここまで書けば、安倍政権に領導される極右の政治運動が「国民主権」という概念そのものの否定に踏み込んでいること、そしてそれが国民から一定の支持を受けているという「矛盾」の意味が少し理解できるはずである。

先に書いたとおり、私たちは「日本には国家主権がないこと」を知っている。それは当然「日本国民は主権者ではない」ということを意味する。むろん国家主権がないがゆえに私たちは主権の回復を願っているわけだけれど、極右の政治思想はそこを痛撃してくるのである。「主権の回復を願うお前たちは権利上何ものなのだ?」と。

　お前たちは主権者ではないし、かつて主権者であったこともない。アメリカによって「主権者」と指名されただけの空疎な観念に過ぎない。お前たちがいつ憲法制定の主体となるほどの政治的実力を持ったことがあるか? こう言い立てられると、私たちはたじろいでしまう。まさにその通りだからである。彼らはこう続ける。お前たちはその実状にふさわしい地位と名を与えられなくてはならない。それは「非主権者」である。だから、これから憲法を改正し、基本的人権を廃し、日本国民は日本国の主権者ではないという現実を明文化する。

　極右の「廃憲」論の本質は約《つづ》めて言えばそういうものである。空疎な理念を捨てて痛苦な現実を受け入れろと彼らは命じているのである。曲芸的な理路なのだが、なぜか妙な説得力がある。もちろん「日本の国益とアメリカの国益は完全に一致している」という命題そのものが偽なので、論理は土台から崩壊しているのだが、それでも「お前たちは主権者ではないのだからその無権力にふさわしい従属状態を甘受せよ」という決めつけには尋常ならざるリアリティがある。というのは、それがまさに対米従属テクノクラートたちがアメリカとのフロントラインで日々耳元にがなり立てられている言葉だからである。「お前たちは属国民だ。その地位にふさわしい従属状態を甘受せよ」と。それを言われると彼らも深く傷つく。でも、ほんとうのことなので反論できない。そのフラストレーションを解消するために、対米従属テクノクラートたちは彼ら自身を傷つける言葉をそのまま日本国民にぶつけているのである。日本人が国家主権の回復をめざす対米自立の道をもう一度たどり直すまで、この自傷行為は続くだろう。病は深い。

国を愛するとはどういうことなのか

レヴィナス『困難な自由』の再校が続いている。ようやく半分ほど終わる。あと2日あれば、終わる。夏前には本になるだろう。

あまりに内容がタイトなので、読んでいてこめかみがきりきりしてくる。

鈴木邦男『失敗の愛国心』を読む。

これは理論社が出している「よりみちパン！セ」という中学生向き図書シリーズのうちの一つである（後にイースト・プレス社へ移行）。ちくまの「ちくまプリマー新書」みたいなものらしい。

私も執筆を頼まれている（たしか天皇制についてだったような気がするけれど、違うかもしれない）。

「以下続刊」のところに名前が出ていた。

西原理恵子／リリー・フランキー／叶恭子／安野モヨコ／杉作J太郎／内田樹／中沢新一…というふうに著者名が並んでいる。なかなか意欲的なラインナップである。

鈴木さんの本を読むのは初めてである。

読み始めたら、面白くて最後まで一気に読んでしまった。

その本の中で鈴木さんは以前長崎市長テロ事件のあと『朝まで生テレビ！』に何人かの右翼活動家とゲスト出演したときのことを書いていた。

司会の田原総一朗が活動家たちに「テロを支持するのか」と質問すると、鈴木さん以外の全員が「支持する」と答えた。

そのときのことをこう書いている。


「僕は『テロを否定する』と発言し、あとで右翼のみなに批判された。(…)『裏切り者』だと言われた。『仲間が愛国心で、命をかけて行動したのだ。警察やマスコミや一般の人々が批判しても、我々仲間だけは支持し、守ってやるべきだ。それなのに何だ』『仲間としての情がない』『マスコミ受けをねらった卑怯な奴だ』『自分だけがいい格好をしてる』と言われた」（鈴木邦男、『失敗の愛国心』、理論社、２００８年、１６６−１６７頁）。

それに対して鈴木さんはそれは「違うだろう」と思った。

「それから十年以上たって思うのは、僕らはべつに人を殺したり、傷つけるために愛国運動をしているわけではない、ということだ。愛国心は人を殺すことではない。愛国心とは、この国を愛し、この国に住む人を愛することだ。殺すことではない。殺しては愛にならない」（同書、１６７−１６８頁）。

右翼の行動主義のロジックは「自分たちの言い分に誰も耳を傾けてくれない」という被害者意識にドライブされている。直接行動をすると新聞が書き立てる。そして「何のために事件を起こしたか」という理由を書く。

「それで我々の主張も間接的に伝わる。それでいい。そう思ってる人が多いのだ。本当は、言論でやりたい。だが、それがないから事件を起こす……と。後退した理屈だ。それにせっかく、『朝生』のような『言論の場』が提供されたわけだ。それで『テロは必要だ』はないだろうと僕は思った。言論の場があるのに、それから逃げて、暴力に訴えるのでは、かえって卑怯だ。そう思った」(同書、168-169頁)。

ずいぶん率直な人だ。

愛国心とは、この国を愛し、この国に住む人を愛することだ。

私もそう思う。

その意味でなら、私も「愛国者」である。

「自国を愛する」というのは、「自国にかかわるすべてのものに好意的な(オーバーレイト気味の)まなざしをむける」ということだと思っている。

けれども、私の知っている「愛国者」たちは「自国にかかわるほとんどすべてのもの」に対して罵倒に近い言葉を投げつけている。

どうしてあれほど自国の制度や文化を罵り、同国人を嫌う人々が「愛国者」を自称できるのか、私にはうまく理解できない。

おそらく彼らのうちには「あるべき祖国」の幻影があり、それと現実の落差が耐えられないのであろう。

けれども、もし、「あるべき妻」についての確固たる理想があり、それと現実の配偶者のありさまとの落差が耐えられないので、朝から晩まで配偶者の挙措をあげつらい、その醜悪や鈍重を罵倒し続ける男がいたとして、あなたはその人を「愛妻者」と呼ぶだろうか。

私は呼ばない。

先日も話したことだけれど、私たちは「愛する」という言葉を軽々しく使うが、実際には「愛する」というのがどういうことかよくわかっていない。

マタイによる福音書には「隣人をあなた自身を愛するように愛しなさい」という言葉がある。

私たちはその意味を知っているつもりでいる。

誰でも自分のことは愛せる。

それと同じような愛情を他人に向けることがむずかしいのだと思っている。

けれども、「誰でも自分のことを愛している」というのはほんとうだろうか。

私は違うと思う。

現に毎年日本では2万人の人が自殺している。

彼らは「自分を愛している」と言えるのか。

彼らはむしろ「自分を愛する」ことに失敗して、死を選んだのではないのか。

思春期の少年少女には自己嫌悪や自己との乖離感に苦しんでいるものが何十万人もいる。

彼らもまた「自分を愛している」とは言うまい。

向上心を持っている人間、克己心を持っている人間。「こんなところにいるはずの人間じゃないんだ、俺は」とイラついている人間。

彼らもまた「今ある自分」には満足していない。場合によっては憎んでさえいる。

その逆に、怠惰に暮らし、ジャンクフードを貪り喰らい、酒を浴びるように飲む人もいる。

彼らはでは自分を愛しているのか。

彼は自分のある種の欲望に対してはたしかにたいへん好意的である。けれども、破壊されてゆく身体に対して十分な敬意を寄せているとは言えまい。

今の日本に「私は自分を愛している」ときっぱり言い切れる人が何人いるだろうか。

あまりいないような気がする。

自分を愛する仕方を知らないものが、どうやって隣人を愛することができるのか。

隣人を愛することのできないものが、どうやって国を愛することができるのか。

それとも、自分のことも愛していないし、隣人も愛していないものでも、国や神は愛することができるのだろうか。

そうかも知れない。

とりあえず愛する対象が「ここ」に手に触れることのできる仕方では存在しないから、という理由で。

だが、今ここにいないものなら愛せるが、今ここにあるものは愛せないという人は「愛する」仕方を知っていると言えるのだろうか。

私たちは「愛する」というのがどういうことかをよく知らない。

その無知の自覚から始めるべきだと私は思っている。

「愛国心」についても同じことが言える。

「国を愛する」ということがどういうふるまいを指すのか私たちはよく知らない。

それを決定する権利は私たちの誰にも属していない。

だから、私は「愛国者」を名乗るのである。

私が自分を「愛国者である」と名乗るのは、ただちに「お前なんか『愛国者』じゃない」

というリアクションがあることが「確実」だからである。

反論が確実であるからこそ、私はそう名乗るのである。

そこからはじめて「愛国とはどういうふるまいのことなのか？」というエンドレスの問いが始まるからである。

「失敗の愛国心」というのは、愛国を定義することに失敗し続けたという鈴木さんのシビアな自己認識を表している。

「国を愛するとはどういうことか」という問いに鈴木さんもまた軽々しい答えを出すことを自制しているように私には思えた。

改憲草案の「新しさ」を読み解く
──国民国家解体のシナリオ

改憲が政治日程に上ってきている。２０１６年7月の参院選で自民党が大勝すれば、今秋以降には国内での合意形成をめざした議論が始まるだろう。自民党や改憲勢力がいったいこの改憲を通じて「何を」実現しようとしているのか、それをこの機会に確認しておきたいと思う。

自民党の改憲草案については、さまざまな批判がすでになされている。個別的な条文ひとつひとつについての適否は専門家による議論に委ねて、私としてはこの改憲案に伏流している「新しいものの見方」についてだけ考えてみたいと思う。護憲派の論客の多くは、改憲案の「復古調」に違和感や嫌悪を覚えているようだが、私はむしろこの改憲案は「新しい」という印象を受けた。その「新しさ」とは何かについて書きたい。

まず、今日本のみならずグローバルなスケールで起きている地殻変動的な「潮目の変化」について押さえておきたい。大づかみに言えば、私たちが立ち合っている変動は、グローバル資本主義という「新しい」経済システムと国民国家という「古い」政治システムが利益相反をきたし、国民国家の統治システムそのものがグローバル資本主義の補完装置に頽落しつつあるプロセスのことである。その流れの中で、「よりグローバル資本主義に親和的な政治勢力」が財界、官僚、マスメディアに好感され、政治的実力を増大させている。

自民党の改憲草案はこの時流に適応すべく起草されたものである。それは言い換えると、この改憲案には国民国家解体のシナリオが（おそらく起草した人間にも気づかれぬまま）書き込まれているということである。

国民国家という統治システムは政治史的には1648年のウェストファリア条約を起点とする近代の装置である。国境があり、官僚制度があり、常備軍があり、そこに国籍と帰属意識を持つ「国民」というものがいる。生誕の日付を持つ制度である以上、いずれ賞味期限が切れる。だが、国民国家は擬制的には「無窮」である。現に、あらゆる国民国家は自国の「年齢」を多めに詐称する傾向がある。日本では戦前まで神武天皇の即位を西暦紀元前660年に遡らせていた。朝鮮の檀君王倹が王朝を開いたのは紀元前2333年とされる。自国の発祥をできる限り遠い過去に求めるのは国民国家に共通する傾向である。

その構えは未来についても変わらない。国民国家はできれば不死のものでありたいと願っている。中央銀行の発行する紙幣はその国がなくなった日にはゴミになる。翌日ゴミになることがわかっているものを商品と交換する人はいない。だから、国がなくなる前日において貨幣は無価値である。残り日数を十日、二十日と延ばしてみても事情は変わらない。だから、国民国家の財政は「いずれ寿命が来る」という事実を隠蔽することによって成立している。

これに対して企業は自己の寿命についてそれほど幻想的ではない。統計が教えるところでは、株式会社の平均寿命は日本で7年、アメリカで5年である（この数字は今後さらに短縮されるだろう）。

グーグルにしても、アップルにしても、マイクロソフトにしても、それらの企業が今から10年後にまだ存在しているかどうか、確かな見通しを語れる人はいない。けれども、そんなことは企業経営者や株主にとっては「どうでもいいこと」である。企業が永続的な組織であるかどうかということは投資家にとっては副次的なことに過ぎない。

「短期的な利益を追い求めたことで長期的には国益を損なうリスクのあること」に私たちはふつう手を出さないが、この場合の「長期的・短期的」という判定を実は私たちは自分の生物としての寿命を基準に下している。私たちは「国益」を考えるときには、せめて孫の代まで、三世代百年は視野に収めてそれを衡量《こうりょう》している。「国家百年の計」という言葉はその消息をよく伝えている。だが、寿命5年の株式会社にとっては「5年の計」が最大限度であり、それ以上先の「長期的利益」は損益計算の対象外である。

工場が排出する有害物質が長期的には環境に致命的な影響を与えると聞いても、その工場の稼働によって短期的に大きな収益を上げることが見通せるなら企業は環境汚染をためらわない。それは企業にとってはまったく合理的なふるまいなのである。そして、これを倫理的に断罪することは私たちにはできないのである。なぜなら、私たちもまた「こんなことを続けると1000年後には環境に破滅的な影響が出る」と言われても、そんな先のことは気にしないからである。グローバル資本主義は「寿命が5年の生物」としてことの適否を判定する。国民国家は「寿命100年以上の生物」を基準にして判定する。それだけの違いである。

寿命を異にするだけではない。企業と国家のふるまいは、機動性の違いとして端的に現れる。

グローバル企業はボーダーレスな活動体であり、自己利益を最大化するチャンスを求めて、いつでも、どこへでも移動する。獲物を追い求める肉食獣のように、営巣地を変え、狩り場を変える。一方、国民国家は宿命的に土地に縛り付けられ、国民を背負い込んでいる。国家制度は「その場所から移動することができないもの」たちをデフォルトとして、彼らを養い、支え、護るために設計されている。

ボーダーレスに移動を繰り返す機動性の高い個体にとって、国境を越えるごとに言語が変わり、通貨が変わり、度量衡が変わり、法律が変わる国民国家の存在はきわめて不快なバリアーでしかない。できることなら、国境を廃し、言語を統一し、度量衡を統一し、通貨を統合し、法律を統一し、全世界を商品と資本と人と情報が超高速で行き交うフラットな市場に変えたい。彼らは強くそう望んでいる。

このような状況下で、機動性の有無は単なる生活習慣や属性の差にとどまらず、ほとんど生物種として違うものを作り出しつつある。

戦争が始まっても、自家用ジェットで逃げ出せる人間は生き延びるが、国境まで徒歩で歩かなければならない人間は殺される。中央銀行が破綻し、国債が暴落するときも、機動性の高い個体は海外の銀行に預けた外貨をおろし、海外に買い整えておいた家に住み、かねての知友と海外でビジネスを続けることができる。祖国滅亡さえ機動性の高い個体群にはさしたる金銭上の損害も心理的な喪失感ももたらさない。

そして、今、どの国でも支配層は「機動性の高い個体群」によって占められている。だから、この利益相反は前景化してこない。奇妙な話だが、「国が滅びても困らない人間たち」が国政の舵を任されているのである。いわば「操船に失敗したせいで船が沈むときにも自分だけは上空に手配しておいたヘリコプターで脱出できる船長」が船を操舵しているのに似ている。そういう手際のいい人間でなければ指導層に入り込めないようにプロモーション・システムそのものが作り込まれているのである。とりわけマスメディアは「機動性が高い」という能力に過剰なプラス価値を賦与する傾向にあるので、機動性の多寡が国家内部の深刻な対立要因になっているという事実そのものをメディアは決して主題化しない。

スタンドアロンで生き、機動性の高い「強い」個体群と、多くの「扶養家族」を抱え、先行きのことを心配しなければならない「弱い」個体群の分離と対立、それが私たちの眼前で進行中の歴史的状況である。

ここでようやく改憲の話になる。

現在の安倍自民党はかつての55年体制のときの自民党と（党名が同じだけで）もはや全くの別物である。かつての自民党は「国民国家内部的」な政党であり、手段の適否は措いて、日本列島から出られない同胞たちを「どうやって食べさせるか」という政策課題に愚直に取り組んでいた。池田内閣の高度経済成長政策を立案したエコノミスト下村治はかつて「国民経済」という言葉をこう定義してみせたことがある。

「本当の意味での国民経済とは何であろう。それは、日本で言うと、この日本列島で生活している一億二千万人が、どうやって食べどうやって生きて行くかという問題である。この一億二千万人は日本列島で生活するという運命から逃れることはできない。そういう前提で生きている。中には外国に脱出する者があっても、それは例外的である。全員がこの四つの島で生涯を過ごす運命にある。

その一億二千万人が、どうやって雇用を確保し、所得水準を上げ、生活の安定を享受するか、これが国民経済である」（下村治、『日本は悪くない　悪いのはアメリカだ』、文春文庫、2009年、95頁）。

今の自民党議員たちの過半はこの国民経済定義にはもはや同意しないだろう。「外国に脱出する者」をもはや現政権は「例外的」とは考えていないからである。今日の「期待される人間像」であるところの「グローバル人材」とは、「日本列島以外のところで生涯を過ごす」ことも社命なら従うと誓言した代償に内定をもらった若者のことだからである。

もう今、「この四つの島から出られないほどに機動性の低い弱い日本人」を扶養したり、保護したりすることは「日本列島でないところでも生きていける強い日本人」にとってはもはや義務としては観念されていない。むしろ、「弱い日本人」は「強い日本人」がさらに自由かつ効率的に活動できるように持てるものを差し出すべきだとされる。国民資源は「強い日本人」に集中しなければならない。彼らが国際競争に勝ち残りさえすれば、そこからの「トリクルダウン」の余沢が「弱い日本人」にも多少は分配されるかも知れないのだから。

改憲案はこの「弱い日本人」についての「どうやって強者に奉仕するのか」を定めた命令である。

人権の尊重を求めず、資源分配に口出しせず、医療や教育の経費は自己負担し、社会福祉には頼らず、劣悪な雇用条件にも耐え、上位者の頤使《いし》に従い、一旦緩急あれば義勇公に報じることを厭わないような人間、それが「弱い日本人」の「強い日本人」に対する奉仕の構えである。これが安倍自民党が改憲を通じて日本国民に呑み込ませようとしている「新しいルール」である。

少数の上位者に権力・財貨・威信・情報・文化資本が排他的に蓄積される体制を「好ましい」とする発想そのものについて安倍自民党の考え方は旧来の国民国家の支配層のそれと選ぶところがない。だが、はっきり変わった点がある。それは「弱い同胞」を扶養・支援する「無駄なコスト」を最少化し、「すでに優位にあるもの」がより有利になるように社会的資源を傾斜配分することをあからさまにめざしているということである。

自民党の改憲案を「復古」とみなす護憲派の人たちがいるが、それは違うと私は思う。この改憲案は「新しい」。それはTPPによる貿易障壁の廃絶、英語の準公用語化、解雇条件の緩和などの一連の安倍自民党の政策と平仄《ひょうそく》が合っている。

一言で言えば、改憲を「旗艦」とする自民党政策のねらいは社会の「機動化」(mobilization)である。国民の政治的統合とか、国富の増大とか、国民文化の洗練とかいう、聞き飽きた種類の惰性的な国家目標をもう掲げていない。改憲の目標は「強い日本人」たちのそのつどの要請に従って即時に自在に改変できるような「可塑的で流動的な国家システム」の構築である（変幻自在な国家システムについて「構築」という語はあまりに不適当だが）。国家システムを「基礎づける」とか「うち固める」とかをめざした政治運動はこれまでも左右を問わず存在したが、国家システムを「機動化する」、「ゲル化する」、「不定形化する」ことによって、個別グローバル企業のそのつどの利益追求に迅速に対応できる「国づくり」（というよりはむしろ「国こわし」）をめざした政治運動はたぶん政治史上はじめて出現したものである。そして、安倍自民党の改憲案の起草者たちは、彼らが実は政治史上画期的な文言を書き連ねていたことに気づいていない。

予備的考察ばかりで紙数が尽きかけているが、改憲草案のうち、典型的に「国こわし」の志向が露出している箇所をいくつか示しておきたい。

一つは第9条「平和主義」と第9条の2「国防軍」である。

現行憲法の平和主義を放棄して、「したいときにいつでも戦争ができる国」に衣替えすることをめざしていることは改憲派の悲願であった。現行憲法下でも、自衛力の保持と個別的自衛権の発動は主権国家としては当然の権利であると国民の大多数は考えている。だが、改憲派は「それでは足りない」と言う。アメリカの指揮で、もっと頻繁に戦争に参加するチャンスに恵まれたいと考えているからである。

国民を危険にさらし、国富を蕩尽し、国際社会に有形無形の敵を作り、高い確率で国内でのテロリズムを招き寄せるような政策が67年の平和と繁栄を基礎づけた平和憲法よりも「望ましい」と判断する根拠はなにか。

改憲派はそれを「国際社会から侮られてきた」屈辱の経験によって説明する。「戦争ができる国」になれば、このいわれなき侮りはかき消え、国際社会からは深い敬意が示されるだろうと予測しているようだが、これまで日本が軍事的コミットメントをためらうことを不満に思い、しばしば侮言を浴びせてきたのは「国際社会」ではなく、端的にアメリカである。ヨーロッパにもアジアにも、日本の戦争へのコミットメントが自由化することを歓迎する国はひとつとして存在しない。改憲派が仮想敵国とみなしている中国や北朝鮮はまさに平和憲法の「おかげで」軍事的反撃のリスクなしに日本を挑発できているわけで、9条2項はいわば彼らの「命綱」である。日本がそれを廃絶したときに彼らが日本に抱く不信と疑惑がどれほどのものか。改憲派はそれも含めて9条2項の廃絶が「諸外国との友好関係を増進し、世界の平和と繁栄に貢献する」ことだと考えているようだが、私にはその理路がまったく理解できない。「アメリカとの友好関係を増進し、アメリカの平和と繁栄に貢献する」ことを日本の存在理由とするというのが改憲の趣旨であるというならよくわかるが。

もう一つは第13条。現行憲法の第13条はこういう文言である。

「すべて国民は、個人として尊重される。生命、自由及び幸福追求に対する国民の権利については、公共の福祉に反しない限り、立法その他の国政の上で、最大の尊重を必要とする」。

自民党改憲草案はこうだ。「全て国民は、人として尊重される。生命、自由及び幸福追求に対する国民の権利については、公益及び公の秩序に反しない限り、立法その他の国政の上で、最大限に尊重されなければならない」

自民党案は「公共の福祉」というわかりにくい語を「公益及び公の秩序」というわかりやすい語に置き換えた。

「公共の福祉」は基本的人権を制約することのできる唯一の法的根拠であるから、それが「何を」意味するのかは憲法学上の最大の問題であり、現にいまだ一意的な定義を得ていない。

「公共の福祉」の語源は古くキケロに遡る。「民の安寧は最高の法たるべし（salus populi suprema lex esto)」。

salus populiを英語はpublic welfareと訳し、日本語は「公共の福祉」と訳した。あらゆる法治国家において、すべての法律・制度・政策の適否はそれが「民の安寧」に資するかどうか、それを基準に判定されねばならない。これは統治について久しく万国において受け容れられてきた法理である。

だが、ラテン語salusは「健康、幸運、無事、安全、生存、救助、救済」など深く幅の広い含意を有している。「民の安寧」salus populiは「至高の法」であるが、それが要求するものはあまりに多い。それゆえ、自民党改憲草案はこれを「公益及び公の秩序」に縮減した。「公益及び公の秩序」はたしかに「民の安寧」の一部である。だが、全部ではない。統治者が晴れやかに「公益及び公の秩序」は保たれたと宣している当の国で、民の健康が損なわれ、民の安全が失われ、民の生存が脅かされている例を私たちは歴史上無数に挙げることができる。だが、自民党案はあえて「民の安寧」を廃し、「至高の法」の座を「公益及び公の秩序」という、統治者がそのつどの自己の都合にあわせて定義変更できるものに譲り渡した。

先進国の民主主義国家において、自由な市民たちが、強権によらず、自らの意思で、基本的人権の制約の強化と「民の安寧」の語義の矮小化に同意したことは歴史に前例がない。歴史上前例のないことをあまり気負いなくできるということは、この改憲草案の起草者たちが「国家」にも「市民社会」にももはやほとんど興味を失っていることを意味している。「民の健康や無事や安全」を配慮していたら、行政制度のスリム化が進まない。医療や教育や社会保障や環境保全に貴重な国家資源を投じていたら、企業の収益が減殺する。グローバル企業が公害規制の緩和や教育の市場化や医療保険の空洞化や雇用条件の切り下げや第一次産業の再編を求めているなら、仮にそれによって国民の一部が一時的にその健康や安全や生存を脅かされることがあるとしても、それはもう自己責任で受け止めてもらうしかないだろう。彼らはそう考えている。

改憲草案にはこのほかにも現行憲法との興味深い異同が見られる。

最も徴候的なのは第22条である。

「(居住、移転及び職業選択等の自由等) 何人も、居住、移転及び職業選択の自由を有する」。

これが改憲草案である。

どこに興味深い点があるか一読しただけではわからない。でも、現行憲法と比べると重大な変更があることがわかる。現行憲法はこうなっている。

「何人も、公共の福祉に反しない限り、居住、移転及び職業選択の自由を有する」。

私が「興味深い」という理由がおわかりになるだろう。

その直前の「表現の自由」を定めた第21条と比べると、この改定の突出ぶりがうかがえる。現行憲法ではこうだ。

「集会、結社及び言論、出版その他一切の表現の自由は、これを保障する」。

改憲草案はこれに条件を追加した。

「前項の規定にかかわらず、公益及び公の秩序を害することを目的とした活動を行い、並びにそれを目的として結社をすることは、認められない」。

第21条に限らず、「公益及び公の秩序」を保全するためには私権は制約されるべきだというのは自民党改憲草案の全体を貫流する基本原則である。それがなぜか22条だけには適用されていない。適用されていないどころかもともとあった「公共の福祉に反しない限り」という制約条件が解除されているのである。

起草委員たちはここで「居住、移転及び職業選択等の自由等」については、それが「公益及び公の秩序」と違背するということがありえないと思ったからこそ、この制約条件を

「不要」と判断したのである。つまり、「国内外を転々とし、めまぐるしく職業を変えることと」は超法規的によいことだという予断を起草委員たちは共有していたということである。

現行憲法に存在した「公共の福祉に反しない限り」を削除して、私権を無制約にした箇所は改憲草案第22条だけである。この何ということもない一条に改憲草案のイデオロギーははしなくも集約的に表現されている。機動性の高い個体は、その自己利益追求行動において、国民国家からいかなる制約も受けるべきではない。これが自民党改憲草案において突出しているイデオロギー的徴候である。

そういう文脈においてみると、9条の改定の意図がはじめてはっきりと了解できる。改憲草案はあきらかに戦争に巻き込まれるリスクを高めることをめざしている。平和憲法下で日本は67年間、9条2項のおかげで戦争にコミットすることを回避できていた。それを廃するというのは、「戦争をしたい」という明確な意思表示に他ならない。

安倍自民党と改憲で共同歩調をとる日本維新の会は、現行憲法をはっきり「占領憲法」と規定し、「日本を孤立と軽蔑の対象におとしめ、絶対平和という非現実的な共同幻想を押し付けた元凶」とした。

感情的な措辞だが、「孤立と軽蔑」というのをいったいどのような事実について述べているのかが私にはわからない。もし、北方領土や中国の領海侵犯や北朝鮮の恫喝について言っているのだとしたら、これらの問題において日本は別に国際社会では孤立していないし、すぐに軍事的行動をとらないことについて軽蔑されてもいない。北朝鮮の軍事的挑発に耐えているという点で言えば、韓国とアメリカの方が日本以上だと思うが、そのせいで米韓は国際社会で「孤立」しており、「軽蔑」されていると言う人に私は会ったことがない。

同時に「絶対平和という非現実的な共同幻想」という言葉がどういう現実を指示しているのかもわからない。「絶対平和」などという文言はそもそも日本国憲法のどこにもない。「日本国民は、恒久の平和を念願し」という言葉はあるが、「念願」している以上、それが非現実であることは誰にでもわかっていることである（すでに現実化している事態を「念願」するものはいない）。

戦後の歴代政府の憲法解釈も憲法学も国連も、自衛隊と個別的自衛権を違憲として否定してはいない。「非武装中立」を訴えた政治勢力もかつては存在したが、今はほとんど存在感を持っていない。「絶対平和という非現実的な共同幻想」のせいで、日本がどのような損害を蒙っているのか、それを具体的に列挙してもらわなければ話が見えない。

まさか今さら「湾岸戦争のとき世界の笑いものになった」というような定型文を持ち出

すわけではないだろうが、もしかするとそれかも知れないので、一言記しておくが、湾岸戦争のとき日本が世界の笑いものになったのは、日本が巨額の戦費を供出したにもかかわらず当事国から感謝されなかったからである。多国籍軍の支援を受けたクウェート政府は戦争終了後に、支援各国に感謝決議を出したが、日本の名はそこになかった。しかし、その理由は「国際社会の笑いもの」論者たちが言うように「金しか出さなかった」からではない。日本が供出した当初援助額1兆2000億円のうちクウェートに渡ったのは6億3000万円で、あとは全部アメリカが持っていったからである。仮に国際社会がほんとうに日本を笑ったのだとしたら、それは、「国際貢献」という名分でアメリカにいいようにされた日本の外交的愚鈍を笑ったのである。

改憲派のトラウマの起源が湾岸戦争にあるのだとしたら、彼らの悲願はアメリカのするすべての戦争へ同盟国としてフルエントリーすることであろう。そのために戦争をすることへの法制上・国民感情上のハードルが低い国に国を変えたいと彼らは願っている。

現行憲法の下で、世界史上例外的な平和と繁栄を享受してきた国が、あえて改憲して、アメリカにとって「使い勝手のいい」軍事的属国になろうと願うさまを国際社会は「狂気の沙汰」と見なすであろう。

私に反論するのはまことに簡単である。「日本が改憲して『戦争のできる国』になれば、わが国はこれまで侮蔑してきた日本を尊敬し、これまで遠ざけてきた日本と連帯するだろう」と誓言する国をひとつでもいいから「国際社会」から見つけ出して連れてきてくれれば足りる。そのときはじめて現行憲法が「孤立と軽蔑」の原因であることが証明される。

それでもこの妄想的な9条廃絶論にもひとつの条理は貫いている。それは「戦争のできる国」になることは、そうでない場合よりも国民国家の解体が加速するということであり、改憲論者はそれを直感し、それを望ましいことだと思っているということである。

「戦争ができる国」と「戦争ができない国」のどちらが戦乱に巻き込まれるリスクが多いかは足し算ができれば小学生でもわかる。「戦争ができない国」が戦争に巻き込まれるのは「外国からの侵略」の場合だけだが、「戦争ができる国」はそれに「外国への侵略」が戦争機会として加算される。

「戦争ができるふつうの国」と「戦争ができない変わった国」のどちらに生き残るチャンスが高いか、これも考えればすぐにわかる。「私がいなくなっても私の代わりはいくらもいる」という場合と、「私がいなくなると『私のようなもの』は世界から消えてしまう」という場合では、圧倒的に後者の方が「生き延びる意欲」は高いからである。代替不能性、唯一無二性の自覚以上に人間の「何があっても生き延びようとする意欲」を賦活するインセンティヴはない。だから、国民国家の最優先課題が「国民国家として生き延びること」であるなら、その国は「できるだけ戦争をしない国」であること、「できるだけユニークな国」であることを生存戦略として選択するはずである。

だが、安倍自民党はそのような選択を拒んだ。改憲草案は「他と同じような」、「戦争を簡単に始められる国」になることをめざしている。それは国民国家として生き延びることがもはや彼らにとっての最優先課題ではなくなっているということを意味している。漫然と馬齢を重ねるよりはむしろ矢玉の飛び交う修羅場に身を置いてみたい、自分たちにどれほどのことができるのか、それを満天下に知らしめてやりたい。そんなパセティックな想像の方が彼らを高揚させてくれるのである。でも、その高揚感は「国民国家が解体するリスク」を賭けのテーブルに置いたことの代償として手に入れたものなのである。「今、ここ」における刹那的な亢奮や愉悦と「国家百年の存続」はトレードオフできるものではないと私たちは考えるが、それは私たちがもう「時代遅れ」な人間になったことを表している。国民国家のような機動性の低い（というか「機動性のない」）システムはもう不要なのである。グローバリストが戦争を好むのは、彼らが例外的に暴力的であったり非人道的であったりするからではなく（そういう場合もあるだろうが）、戦争をすればするほど国民国家や領域国家という機動性のない擬制の有害性や退嬰性が際立つからである。安倍自民党は（本人たちには自覚がないが）グローバリストの政党である。彼らが「はやく戦争ができるようになりたい」と願っているのは、国威の発揚や国益の増大だけが目的だからではない。戦争機会が増大すればするほど、国民国家の解体が早まるからである。惰性的な国民国家の諸制度が溶解したとき、そこには彼らが夢見る「機動性の高い個体」たちからなる少数集団が圧倒的多数の「機動性の低い個体」を政治的・経済的・文化的に支配する格差社会が出現する。この格差社会では機動性が最大の人間的価値であるから、支配層といえども固定的・安定的であることは許されない。一代にして巨富を積み、栄耀栄華をきわめたものが、一朝あけるとホームレスに転落するめまぐるしいジェットコースター的な出世と降位。それが彼らの夢見るウルトラ・モダン社会のとりあえずの素描である。

改憲草案がまず96条を標的にすることの理由もここから知れる。改憲派が改定の困難な「硬性憲法」を法律と同じように簡単に改廃できる「軟性憲法」に変更したいと願うのは、言い換えれば、憲法が「国のあるべきかたち」を恒久的に定めることそれ自体が許しがたいと思っているからである。「国のあるべきかたち」はそのつどの統治者や市場の都合でどんどん変えればよい。改憲派はそう考えている。

安倍自民党のグローバリスト的な改憲草案によって、基本的人権においても、社会福祉においても、雇用の安定の点でも、あきらかに不利を蒙るはずの労働者階層のうちに改憲の熱心な支持者がいる理由もそこから理解できる。とりあえずこの改憲草案は「何一つ安定したものがなく、あらゆる価値が乱高下し、システムがめまぐるしく変化する社会」の到来を約束しているからである。自分たちがさらに階層下降するリスクを代償にしても、他人が没落するスペクタクルを眺める権利を手に入れたいと願う人々の陰惨な欲望に改憲運動は心理的な基礎を置いている。

自民党の改憲草案は今世界で起きている地殻変動に適応しようとするものである。その点でたぶん起草者たちは主観的には「リアリスト」でいるつもりなのだろう。けれども、現行憲法が国民国家の「理想」を掲げていたことを「非現実的」として退けたこの改憲草案にはもうめざすべき理想がない。誰かが作り出した状況に適応し続けること、現状を追認し続けること、自分からはいかなるかたちであれ世界標準を提示しないこと、つまり永遠に「後手に回る」ことをこの改憲草案は謳っている。歴史上、さまざまな憲法草案が起草されたはずだが、「現実的であること」(つまり、「いかなる理想も持たないこと」)を国是に掲げようとする案はこれがはじめてだろう。

「安倍訪米」を前にした内外からのコメント
――Japan Timesの記事から

Japan Timesが2015年4月11日に安倍首相訪米を前にしての、内外のウオッチャーからの安倍政治への評価を報じた。

予想どおり、評価はきわめて手厳しいものである。

けれども、問題はむしろ内外の温度差である。

なぜ、国際的には、同盟国の人々からさえもこれほど評価の低い政治家が国内的には50%近い支持率を誇っていられるのか。私はそれに興味がある。

政策に対する支持率が低いのにもかかわらず、内閣支持率が高いということは、日本国民は政策以外の点で安倍晋三を支持しているということになる。

論理的にはそれ以外にない。

では、「政策以外の点」とは何か。

日本人が心に思っているけれど、心理的抑圧があって容易には言挙げできないことと言えば、二つのタブーについてしかない。

アメリカと天皇制である。

たぶん日本人に安倍がアピールする最大の理由は安倍がこの二つの禁忌に挑んでいるからだと私は思う。

安倍は対米従属のポーズをとりながら、アメリカに対する嫌悪と敵意が漏洩することを少しも意に介さないし、ナショナリストのポーズをとりながら、天皇にいかなる敬意も示さない。

反米でかつ天皇を「道具視」する政治家は1930～40年代は戦争指導部のマジョリティを占めていたが、戦後は出番がなかった。

安倍は70年ぶりに登場してきた「大本営」仕様の政治家である。

安倍が戦争をしたがっているのは端的に「戦争がしたい」からである。だが、戦争は戦後日本では「アメリカの軍略内部で、アメリカの支援部隊として、アメリカの国益を資するかたち」でしか許されない。

だったら、それでいいから、とにかく戦争ができる国になりたい。

戦争ができる国になったら、いつかどこかでアメリカに対して「うるせえよ。いつまでも親分顔すんじゃねえよ。あんまり人なめてっと、殺すぞてめえ」と凄んでみたいのである。

いや、ほんとに。

日本人の半数はその無意識の、抑圧された、アメリカに対する憎悪に共感しているのである。

だから、アメリカの政治学者たちは、安倍が本質的に反米的であることを直感的には理解している。でも、あまりに屈折しているその理路が理解できないでいるのである。

歴史と語る

――70年を迎えた戦後。どう捉えていますか。

戦後の日本は「対米従属を通じての対米自立」を国家戦略としてきました。敗戦国としてはそれ以外に選択肢がなかったから仕方がない。主権国家として自立するために占領国に従属するという「面従腹背」が国家戦略の基本でした。でも、日本人はつねに「敗戦国民としてかつての敵国に従属させられている」という屈託に捉えられていた。田中角栄や中曽根康弘世代までの政治家には、1日も早く対米独立を果たしたいという焦燥感と意志が感じられました。

――対米追従の結果、何を得たのでしょう。

連合国軍総司令部（GHQ）に徹底的に従った結果、敗戦からわずか6年後にはサンフランシスコ講和条約で国際法上の主権を回復できました。60年代には国際社会で批判の高かったベトナム戦争で米国を全面的に支持して、それが72年の沖縄の施政権返還に結実した。この時期までは、少しずつではあるけれど、国土と国家主権は着実に回復されていました。この頃までは「対米従属を通じての対米自立」は合理性のある国家戦略だったのです。

――現在に至るまで政府は同じ戦略に見えます。

ある時点から変質したのです。手段としての「対米従属」が自己目的化し、「対米自立」という長期的目的が忘れられてしまった。すでに沖縄返還から43年が経ちましたが、国土も主権も何一つ奪還していません。日米地位協定の改定は行われず、沖縄の米軍基地も、横田の空域もそのままで、日本政府には返還を求める様子さえない。戦後70年にわたって、外交、防衛からエネルギー、食糧、医療、教育に至るまで、重要政策について日本は絶えず米国の顔色を窺いながら、その許諾を求めて、政策決定をしてきました。その結果、米国の意図を忖度して、手際よく実現できる人たちばかりが日本の政・官・財界、メディアから学界まで牛耳るようになってしまったのです。

――どうしてそんなことに。

一つには、田中角栄のケースが響いていると思います。田中は米国の了解を得ずに中国との国交正常化を図ったため米政権の怒りを買い、米国上院から始まったロッキード事件で逮捕されました。以後、米国の逆鱗に触れた政治家は政権を維持できないということは日本の常識です。佐藤栄作、中曽根康弘、小泉純一郎……、親米派の政権以外は長期政権を保つことができないことを日本人は経験から学んだのです。

――米国が日本の内政に露骨な干渉をしているとは思えません。

米国が直接口出ししなくても、日本国内に強固な対米従属システムができあがっています。最近では、鳩山由紀夫首相が沖縄の米軍普天間基地の移設先を「最低でも県外」と言ったら、いきなり首相の座から引きずり下ろされました。国内の外国軍基地の縮小や撤収を求めるのは、独立国であればどこでも珍しいことではありません。韓国でもフィリピンでも前例のあることです。けれども、日本の政治家、官僚、メディアは猛然と鳩山首相に襲いかかり、「米国の国益を損なうような政治家に政権は任せられない」と引きずり下ろした。彼らのロジックは「米国の国益を最優先に配慮することが日本の国益を最大化する唯一の道である」というものです。そういう発想をする人間が今の日本では「リアリスト」と呼ばれているのです。

――同じ敗戦国のドイツやイタリアは日本と違うのですか。

ちがいます。ドイツやイタリアでは戦時中でも政権への激しい抵抗が繰り返されました。ドイツではヒトラーの暗殺が何回も計画されましたし、イタリアのムッソリーニはパルチザンに処刑され、イタリア王国軍は途中からは連合国側に立ってドイツ軍と戦って、イタリアから放逐しました。イタリアは敗戦国ではありません。内戦で国土は荒廃しましたけれど、国際法上は戦勝国として終戦を迎えたのです。しかし、日本には戦争指導部に対する理性的な批判も、組織的な抵抗もありませんでした。だから、戦争が終わったときに敗戦の総括をなしうるだけの倫理的・知性的な基盤をもった国民主体が存在しなかった。

――なぜ日本では抵抗が弱かったのでしょう。

日本にも自由民権運動に代表される反権力の系譜は存在していたのです。でも、1910年の大逆事件と治安維持法下の言論弾圧で徹底的に破壊され、反権力的な知の血脈はそこで途絶えてしまった。

それ以前の幕末の戊辰戦争、西南戦争という二つの内戦の敗戦処理に失敗したことも、近代日本において政治文化の多様化と成熟が果たされなかった大きな理由です。実際には、明治の日本では、ほんとうの意味での国民的統合は果たされなかった。中央政府に逆らうものは叩き潰す。追従するものは手厚く遇するが、賊軍に与したものは徹底的にいじめぬく。一戦終えたあとは、敗者に一掬《いっきく》の涙を注ぎ、それまでの確執を水に流し、敗者をも再び等権利の同胞として迎え入れるという雅量《がりょう》が勝者の側になかった。そのことが国内に深い分断の傷跡を残しただけでなく、意見を異にする人々との共生や合意形成の技術が発達することを妨げました。
江戸時代までの日本の統治制度としての強みは250の藩に統治単位が分かれていたリスクヘッジ・システムに存していたと私は思っていますが、明治政府が導入した中央集権的な統治システムによって、それまでの政治的多様性が失われ、社会が均質化・定型化した。それが戦争への抵抗の弱さ、そして結果的にはあの救いのない敗戦をもたらしたと私は思います。

——多様性を消し去ったことが戦争の背景にあると。

1929年、田中義一の死とともに、維新以来の陸軍の長州閥が事実上解体しました。そこにできたキャリアのエアポケットに、旧賊軍藩士の子弟たちが大量に入り込みました。太平洋戦争開戦時の首相だった東条英機は盛岡藩、板垣征四郎も盛岡藩、満州事変を首謀した石原莞爾は庄内藩。東京裁判のA級戦犯28人の中に長州出身の軍人は一人もいません。ということは、満州事変からわずか15年間で、大村益次郎や山縣有朋が手塩にかけて作り上げた日本陸軍の指導層から長州藩の影響力が事実上一掃されていたということです。大日本帝国戦争指導部をドライブしていたのは「敗者のルサンチマン」です。彼らは、たとえ無意識的にではあれ、70年前に薩長が建てた「明治レジーム」を破壊しようとしていたのだと私は思います。

——何だか現在に重なって聞こえます。

今は先の戦争と次の戦争の間の「戦争間期」にあると私は思っています。安倍首相の言う「戦後レジームからの脱却」というのは、事実上は憲法を基に作り上げた国のかたちを破壊することを意味しています。具体的にどのような統治システムを作りたいのか自民党改憲草案を読めばはっきりわかります。国のかたちについて彼が語る言葉はほとんど抽象的な空語です。とりあえず戦後日本の統治システムを破壊したいということしかわからない。彼らがめざしているのは、とにかく「戦争ができる国」になることです。彼の脳裏では「戦争ができる国」が主権国家と等置されている。それが米国の従属下であっても、戦争ができるようになりさえすれば「国家主権は回復された」ことになるとたぶん彼は思い込んでいるのでしょう。

「戦争ができる国」になるためには、軍隊や警察に大きな力を与え、政府を批判する言論を封じ、政治的意見の多様性を許さない非民主的で抑圧的な統治体制を作り上げなければならない。特定秘密保護法以後の安倍政権はそのような「戦争ができる国」をひたすらめざしています。

彼らが理想とする国家モデルはおそらくシンガポールだと思います。国家目的が「経済成長」であるシンガポールでは、あらゆる制度は経済成長に資するか否かによって適否が決まります。議会は事実上の一党独裁ですし、反政府メディアも反政府的な労働運動も学生運動も存在しない。治安維持法があって、政府にとって不都合な人物は裁判抜きで排除できます。金儲けだけにしか興味がない人たちにとっては理想の国家モデルに見えていることでしょう。しかし、彼らが忘れているのは、国家は株式会社ではなく、国家目的は金儲けではないということです。国家は国民が生き延びるために存在します。国民に雇用を確保し、健康で文化的な生活を保障するために存在する。国家のために国民がいるのではない。国民の安寧を守るために国家が存在する。

でも、国を株式会社モデルで捉えている人たちには、その理路がわからない。「ビジネスがしやすい国」といったら、いかなる反政府的勢力も存在せず、国民は政府の命令に唯々諾々としたがう、管理の行き届いた「株式会社みたいな国」だと信じ込んでいる。たぶん、彼らの眼には「反政府的な国民」というのは「業務命令に従わない従業員」のようなものに見えているのでしょう。「そんな社員はうちならすぐクビだ」と思っているから、「独裁制でどこが悪いのか?」と不思議そうな顔をする。こういうのを「平和ボケ」というのです。

株式会社なら経営に失敗しても、倒産して終わりです。株券が紙くずになって、株主が損をするだけで終わりです。でも、国家の失政はそうはゆかない。国家の失政についての責任には「ここでおしまい」というラインがないからです。国家には株券も出資者もいません。失政の責任を取らされるのは国民です。失政で失われるのは国民資源です。あと何百年も先まで、この列島に暮らす未来の世代のために無傷で手渡さなければならない山河や文化や制度が、場合によっては、一代の政府の失政で傷つけられ、破壊される。先の戦争で思い知らされたように、祖先が犯した戦争犯罪や植民地支配のツケはいつまでも未来の世代が支払い続けなければなりません。国家経営の失敗には倒産という手は使えないのです。

――どうすれば破滅を食い止められるのですか。

世界は今、歴史的な転換点にあり、国際社会の枠組みは急速に変わっています。超覇権国家だった米国の衰退が始まり、中国やロシアが台頭し、欧州ではドイツが一人勝ちの状態です。16億人を抱えるイスラム圏がこの先どうなるのかも見通しが立ちません。にもかかわらず、日本政府は相変わらず対米追従以外に何の国際戦略も持っていない。思考が停止しているのです。

海外メディアが日本は危機的な状況にあると繰り返し警告しているのに、耳を貸す様子もない。このような状態で日本が歴史的激動期を生き抜けるのかどうか、私はつよく懸念しています。

III
物語性と身体性

忠臣蔵のドラマツルギー

モーリス・ベジャール振り付けの『ザ・カブキ』のパリ公演のためのパンフレットに「どうして日本人は忠臣蔵が好きなのか」について書きました。

まず日本語で書いて、それを一文ごとにフランス語に置き換えるという作業をしました。

うまくフランス語が思い出せない言葉は日本語を書いている段階ですでに抑制されるので、ふだん日本語で書くときとはかなり違う文体になります。

結論も「フランス人向き」にアレンジしてあります。


日本では、毎年暮れになると、どこかのTV局で『忠臣蔵』の映画かドラマが放映される。『忠臣蔵』を題材にした新作映画も飽くことなく製作され続けている。外国人の眼からは、定期的に『忠臣蔵』を見るという行為は、日本人が国民的なアイデンティティーを確認するための一種の儀礼に類したもののように見えることだろう。

私たちは『忠臣蔵』についての国民的規模での偏愛を抱いている。いったい、この物語のどこにそれほど日本人を惹きつける要素があるのか。

それを検出するのは、手続き的にはそれほどむずかしいことではない。というのは、『忠臣蔵』の物語には同時代の『東海道四谷怪談』をはじめとして、無数のヴァリエーションが存在するからである。もし、無数のヴァリエーションを通じて、「決して変わらない要素」があるとすれば、それこそが『忠臣蔵』の物語的エッセンス、必須の説話的原型だということになる。

ベジャールのバレエ『ザ・カブキ』の基礎となっている『仮名手本忠臣蔵』もまたそのような無数のヴァリエーションの一つである。そこには多くの「歌舞伎的な創意」が凝らされており、それがこの物語を魅力的なものにしているのは事実であるが、例えば、「高師直《こうのもろなお》の顔世御前《かおよ》への片思い」や「お軽、勘平の悲劇」や「力弥と小浪の悲恋」といった『仮名手本忠臣蔵』の中での「愛をめぐる挿話」は、どれも歌舞伎のオリジナルな工夫であって、他のヴァリエーションには採用されていない。だから、この舞台を見て、『忠臣蔵』

とは「成就しない愛」の物語であり、それが国民的な人気の理由なのだというふうに解釈する人は短慮のそしりを免れないであろう。

すべての『忠臣蔵』ヴァリエーションが一つの例外もなく共通して採択している物語要素があれば、私たちはそれをこそ忠臣蔵的な物語の本質と名指すべきであろう。

さて、驚くべきことだが、そのような物語要素は実は一つしかないのである。

数知れない『忠臣蔵』ヴァリエーションの中には「松の廊下」の場面をカットしているものがあり、「赤穂城明け渡し」をカットしているものがあり、極端な場合には「討ち入り」の場面をカットしているものさえある。だが、絶対にカットされない場面がある。

それは「大石内蔵助／大星由良之助の京都の茶屋での遊興の場面」である。

そこから私たちはこのエピソードこそ、それ抜きでは『忠臣蔵』という物語が成立しなくなるぎりぎりただ一つの物語要素だと推論できるのである。

『忠臣蔵』では、浪士たちの人物造形にはある程度の自由度が許されている。例えば、堀部安兵衛は浪士たちの中では最もカラフルな履歴を誇る武士だが、ヴァリエーションごとに造形が違う。ある物語では彼は思慮深く、温厚な人物として描かれ、別の物語では、好戦的で、軽率な青年として描かれる。どう描こうと、物語の骨組みに影響はないから、そのような自由裁量が許されるのである（そもそも『仮名手本忠臣蔵』に安兵衛は登場さえしない）。

他の登場人物についても同様である。浅野内匠頭《たくみのかみ》も、幼児的ではた迷惑な人物として描かれる場合があり、筋目の通った爽やかな武士として描かれる場合もある。どちらであっても、物語の骨組みは揺るがない。だが、大石の場合はそれが許されない。

あらゆる『忠臣蔵』ヴァリエーションを通じて、大石内蔵助を演じる役者には絶対に譲れない役作り条件が課されている。

それは「何を考えているのか、わからない男」であることである。

『忠臣蔵』というのは「不安」のドラマなのである。大石という、仇討ちプロジェクトの総指揮者であり、資源と情報を独占して、浪士たちの生殺与奪の権利をにぎっている人物が何を考えているのか、わからない。

ほんとうに討ち入りはあるのかと疑う同志たちの猜疑心。討ち入りがいつ来るか怯える吉良方の人々の怯え。公的な裁定への暴力的な異議申し立てがなされることに対する統治者の側の不安。血なまぐさいスペクタクルを期待している大衆の苛立ち。主君の仇を討つというヒロイックな企てを浪士たちが利己的な理由で放棄した場合、「武士道倫理の卓越性」という武士による統治の根本原理が崩れることへの武士階級全体の困惑…無数の不安が「大石が何を考えているのかわからない」というただ一つの事実の上に累積してゆく。

大石が自分の命を賭して主君の仇を討てば、「武士道倫理」へのクレジットが加算される。彼が現世の快楽と保身を優先させるのであれば「人間なんて、しょせん色と欲で動かされる利己的な生き物に過ぎない」というシニックな人間観へのクレジットが加算される。果たして、大石はパセティックな倫理に賭け金を置くのか、シニックなエゴイズムに賭け金を置くのか、人々は息をつめてみつめている。そして、最後に、大石の決断によって、この過度に引き延ばされた非決定状態は劇的な仕方で解決される。

『忠臣蔵』のカタルシスはそのように構造化されている。

「全権を握っている人間が何を考えているのかわからない」とき日本人は終わりのない不安のうちにさまざまな解釈を試みる。そのときに、日本人の知性的・身体的なセンサーの感度は最大化し、想像力はその限界まで突き進む。中心が虚であるときにパフォーマンスが最大化するように日本人の集団が力動的に構成されている。

たぶんそういうことなのだ。

だから、それが天皇制の政治力学と構造的に同一であることに私はもう驚かない。

世阿弥の身体論

上智大学で「世阿弥とスタニスラフスキー」というテーマのシンポジウムがあった。そこで「能楽と武道」というお題を頂いて短い発表をした。中身は2年前にある能楽専門誌に寄稿した「世阿弥の身体論」とだいたい同じ。

シンポジウムに来られなかった方のためにオリジナルを公開しておく。

文献的根拠のぜんぜんないまったくの私のスペキュレーションであるので、これを「定説」と勘違いして、人前で話したりすると大恥をかくことになるのでご注意されたい。

平安末期から室町時代にかけて能楽と武芸と鎌倉仏教が完成した。

それらは日本列島でその時期に起きたパラダイムシフトの相異なる三つの相であるとい

う仮説に私はしばらく前から取り憑かれている。そういうときには「同じ話」をあちこちで角度を変え、切り口を変えながら繰り返すことになる。今回は能楽の専門誌から「世阿弥の身体論」というお題を頂いたことを奇貨として、「同じ話」を能楽に引き寄せて論じてみたい。

武道と能楽と鎌倉仏教を同列に論ずる人が私の他にいるかどうか知らない。たぶんいないと思う。

私の鎌倉仏教についての理解はほとんどが鈴木大拙の『日本的霊性』からの請け売りだが、武道と能楽については自分の身体実感に基づいている。身体は脳よりも自由である。だから、ふつうはあまり結びつけられないものについても、「これって『あれ』じゃない？」という気づき方をすることがある。武道と能楽と鎌倉仏教が「同一のパラダイムシフトの三つの相」だという直感も、頭で考えたものではなくて、身体が勝手に気づいたことである。居合の稽古中に、門人に剣の操作について説明しているときに、能楽の「すり足」の術理に思い至り、それが鈴木大拙の『日本的霊性』の中の鎌倉仏教についての説明につながって、「ああ、そういうことなのか」と腑に落ちたのである。などという説明ではどなたにも意味がわからないはずなので、順を追って話すことにする。

薩摩示現流の流祖に東郷重位《しげかた》という人がいた。城下に野犬が出て人々が困っているという話を聞きつけて、重位の息子が友人と野犬を斬りに行った。何十匹か斬り殺してから家に戻り、刀の手入れをしながら、「あれだけ野犬を斬ったが、一度も切っ先が地面に触れなかった」と剣をたくみに制御できたおのれの腕前を友に誇った。隣室で息子たちの会話を聞いていた東郷重位はそれを聞き咎めて、「切っ先が地面に触れなかったことなど誇ってはならない」と言って、「斬るとはこういうことだ」と脇差で目の前にあった碁盤を両断し、畳を両断し、根太《ねだ》まで切り下ろしてみせた。

私の合気道の師である多田宏先生は稽古で剣を使うときには必ずまずこの話をされる。剣技の本質をまっすぐに衝いた逸話だからである。重位が息子に教えたのは剣技とは「自分の持つ力を発揮する」技術ではなく、むしろ「外部から到来する、制御できない力に自分の身体を捧げる」技術だということである。

剣というのは、扱ってみるとわかるが、手の延長として便利に使える刃物のことではない。そうではなくて、剣を手にすると自分の身体が調《ととの》うのである。私が剣を扱うのではなく、剣が私を「あるべきかたち」へ導くのである。

「身体が調う」「身体がまとまる」というのが剣を擬したときの体感である。ひとりではできないことが剣を手にしたことでできるようになる。構えが決まると足裏から大きな力が身体の中に流れ込んで来て、それが刀身を通って、剣尖からほとばしり出るような感じがすることがある。そのとき人間は剣を制御する「主体」ではもはやなく、ある野生の力の通り道になっている。

東郷重位は「斬るとはこういうことだ」と言って、地面に深々と斬り込むほどの剣勢を示してみせたが、人間の筋力を以てしては木製の碁盤を斬ることはできない。むろん鉄製の甲冑を斬ることもできない。できないはずである。でも、それができる人がいる。それらの剣聖たちの逸話が教えるのは、彼らは「人間の力」を使っていなかったということである。

解剖学的にも生理学的にも人間には出せるはずのない力を発動する技術がある。良導体となって野生の力を人間の世界に発現する技術がある。それが武芸である。今のところ私はそのように理解している。

それが能楽とどう繋がるのか。

古代に「海部《あまべ》」「飼部《うまかいべ》」という職能民がいた。「海部」は操船の技術、「飼部」は騎乗の技術を以て天皇に仕えた。それぞれ「風と水の力」「野生獣の力」という自然エネルギーを人間にとって有用なものに変換する技術に熟達していた人々である。この二つの職能民がヘゲモニーを争って、最終的に「騎馬武者」が「海民」に勝利したのが源平合戦である。この戦いで、騎馬武者たちは馬の野生の力をただ高速移動のために利用しただけでなく、「人馬一体」となることで人間単独では引くことのできぬほどの強弓を引き、人間単独では操作することのできないほど重く長い槍を振り回してみせた。

那須与一が屋島の戦いで船に掲げられた扇を射抜いた話は広く知られているが、与一はこのとき騎射をしている。的は揺れる船の上にある。砂浜に立って静止して射る方が精度が高いのではないかと私は思っていたが、たぶんそうではないのだ。騎射するとき、乗り手は馬の筋肉をおのれのそれと連結させて、人間単体にはできないことをし遂げる。だから騎射の方が強度も精度も高いのである。そのような技術の到達点を那須与一は示したのである。

他にも、源氏の側の軍功にはその卓越した「野生獣の制御技術」にかかわるものが多い（義経は難所鵯越《ひよどりごえ》を騎馬で下り、木曾義仲は倶利伽羅峠《くりからとうげ》の戦いで数百頭の牛を平家の陣に放った）。それも源平の戦いが、海民と騎手が「自然力の制御技術」の強さと巧みさを競ったのだと考えると筋が通る。

戦いは「野生獣のエネルギーを御する一族」が「風と水のエネルギーを御する一族」を滅ぼして終わった。けれども、能楽にはこのとき敗れ去った海民の文化を惜しむ心情がゆたかに伏流している。

古代に演芸を伝えた職能民たちは「獣の力」よりもむしろ「風と水の力」に親しみを感じる海民の系譜に連なっていた。これは私の創見ではない。能楽師の安田登さんの卓見である。

海幸彦・山幸彦の神話でも、戦いに敗れ、おのれの敗北のさまを繰り返し演じてみせる「俳優《わざおぎ》」の祖となったのは漁《すなど》りを業とする海幸彦の方である。

今さら言うまでもなく、能楽には『敦盛』『清経』『船弁慶』をはじめ『平家物語』の平家方に取材した曲が多い。そればかりか龍神・水神が水しぶきを上げて舞い（『竹生島《ちくぶしま》』『岩船』）、船が海を勇壮に進む情景を叙し（『高砂』）、海浜の風景や松籟《しょうらい》の音を好む（『松風』『弱法師《よろぼし》』）。ここにかつて「風と水のエネルギー」を御して列島に覇を唱えた一族への挽歌を読むのはそれほど無稽《むけい》な想像ではない。

「飼部」が体系化した「弓馬の道」はわれわれの修業している武芸のおおもとのかたちである。それは野生の力と親しみ、身を調えてその力を受け入れ、わが身をいわば「供物」として捧げることでその強大な力を発動させる技法である。能楽に通じた人なら、この定義がシテに求められている資質ときわめて近いことに気づくはずである。

能楽は起源においては呪術的な儀礼であった。その断片は今日でも『翁』や『三番叟《さんばそう》』に残っている。シャーマンがトランス状態に入って、神霊・死霊を呼び寄せ、彼らにその恨みや悲しみや口惜しさを語らせ、その物語を観衆たちともども歌い、舞い、集団的なカタルシスとして経験することで「災いをなすもの、祟りをなすもの」を鎮める。おそらくはそのようなものであったはずである。起源的に言えば、シテは巫覡《ふげき》であり、祭司である。おのれの「自我」を一時的に停止させ、その身を神霊に委ねる。ただ、その巨大なエネルギーは能舞台という定型化された空間に封じ込められ、美的表象として限定的に発露することしか許されない。それが舞台からはみ出して、人間の世界に入り込まないように、人間の世界と神霊の世界を切り分ける境界線については、いくつもの約束事が能楽には定められている。

例えば、シテは舞い納めて橋懸《はしが》かりから鏡の間に入るとき、自分で足を止めてはならない。後見に止められるまで歩き続ける。それはあたかもシテに取り憑いた神霊が、後見が身体を止めた瞬間に、そのまま惰性で身体から抜け出すのを支援するかのような動作である。

あるいは演能中にシテが意識を失ったり、急な発作で倒れたりした場合も舞台は止めてはならない。後見はシテを切り戸口から引き出したあと、シテに代わって最後まで舞い納めて、舞台におろした霊をふたたび「上げる」責任がある。

私がなにより能楽のきわだった特徴だとみなすのは「すり足」である。「すり足」の起源については諸説ある。例えば、武智鉄二は、温帯モンスーン地帯で泥濘《でいねい》の中を歩むという自然条件が要求したごく合理的な歩行法であると説いている。膝をゆるめ、股関節の可動域をひろく取り、足裏全体に荷重を散し、そっと滑るように泥濘の上を歩むのは日本列島の自然が要求した歩行法である、と。たしかにヨーロッパ人が石畳を踵《かかと》から打ち下ろすような仕方で泥濘を歩めば、脚を泥にとられ、身動きならなくなるだろう。しかし、「すり足」を要求したのは、そのような物理的理由だけにはとどまらないと私は思う。

温帯モンスーンの湿潤な気候と生い茂る照葉樹林という豊穣で、宥和《ゆうわ》的な生態学的環境は、そこに住む人々にある種の身体運用の「傾向」を作り出しはしなかったであろうか。

「すり足」は言い方を換えれば、足裏の感度を最大化して、地面とのゆるやかな、親しみ深い交流を享受する歩行法である。そうやって触れる大地は、そこに種を蒔《ま》くと、収穫のときには豊かな収穫をもたらす「贈与者」である。列島における私たちの祖先たちは、その泥濘の上を一歩進むごとに、「おのれを養うもの」と触れ合っていた。贈与者との直接的な触れ合いを足裏から伝わる湿気や粘り気から感じ取っていた。おのれを養う、贈与者たる大地との一歩ごとの接触という宗教的な感覚が身体運用に影響しないはずがない。

能楽には「拍子を踏む」という動作がある。強く踏みならす場合もあるし、かたちだけで音を立てない場合もあるが、いずれにせよ「地の神霊への挨拶」であることに違いはない。

土地の神を安んじ鎮めるために盃にたたえた酒を地面に振り注ぐ儀礼は古代中国では「興」と呼ばれたと白川静は書いているが、それは「地鎮」の儀礼として現代日本にも残っている。酒を注ぐと地霊は目覚める。そして、儀礼を行った人間の思いに応えて、祝福をなす。この信憑は稲作文化圏には広くゆきわたっているものであろう。

足拍子もまた、神社の拝殿で鈴を鳴らすのと同じく、地霊を呼び起こすための合図であったのだと思う。それは逆から言えば、足拍子を踏むとき以外、人間は地霊が目覚めぬように、静かに、音を立てず、振動を起こさぬように、滑るように地面を歩まねばならぬという身体運用上の「しばり」をも意味している。「すり足」とはこの地霊・地祇の住まいする大地との慎み深い交流を、かたちとして示したものではあるまいか。一歩進むごとに大地との親しみを味わい、自然の恵みへの感謝を告げ、ときには大地からの祝福を促すような歩き方を、日本列島の住民たちはその自然との固有なかかわり方の中で選択したのではあるまいか。

私が「すり足」に特にこだわるのは、この「すり足」的メンタリティから鎌倉仏教が生まれたというのが鈴木大拙の「日本的霊性」仮説の核心的な命題だからである。

大拙はその『日本的霊性』において、古代においても、平安時代においても、日本人にはまだ宗教を自前で作り出すほどの霊的成熟には達していなかったと書いている。日本において本格的に宗教が成立するのは鎌倉時代、親鸞を以て嚆矢《こうし》とする、というのが大拙の説である。その親鸞も京都で教理を学問として学んでいたときには宗教の本質にいまだ触れ得ていない。親鸞が日本的霊性の覚醒を経験するのは大地との触れ合いを通じてである。

「人間は大地において自然と人間との交錯を経験する。人間はその力を大地に加えて農産物の収穫に努める。大地は人間の力に応じてこれを助ける。人間の力に誠がなければ大地は協力せぬ。誠が深ければ深いだけ、大地はこれを助ける。(…)大地は詐《いつわ》らぬ、欺かぬ、またごまかされぬ」（鈴木大拙、『日本的霊性』、岩波文庫、1972年、44頁、強調は鈴木）。

「それゆえ宗教は、親しく大地の上に起臥する人間――即ち農民の中から出るときに、最も真実性をもつ」（同書、45頁）。

大宮人たちの都会文化は洗練されてはいたが、「自然との交錯」がなかった。『方丈記』に記すように、「京のならひ、何わざにつけても、みなもとは田舎をこそ頼める」のが都会文化の実相である。都会には「なまもの」がない。加工され、人為の手垢のついた商品しかない。そして、大拙によれば、自然との交流のないところに宗教は生まれない。

「大地を通さねばならぬ。大地を通すというのは、大地と人間と感応道交《かんのうどうこう》の在るところを通すとの義である」（同書、45頁）。

だから、都市貴族は没落し、農村を拠点とする武士が勃興する必然性があったと大拙は説く。

「平安文化はどうしても大地からの文化に置き換えられねばならなかった。その大地を代表したものは、地方に地盤をもつ、直接農民と交渉していた武士である。それゆえ大宮人は、どうしても武家の門前に屈伏すべきであった。武家に武力という物理的・勢力的なものがあったためでない。彼らの脚跟《きゃくこん》が、深く地中に食い込んでいたからである。歴史家は、これを経済力と物質力（または腕力）と言うかも知れぬ。しかし自分は、大地の霊と言う」（同書、49頁）。

流刑以後、関東でひとりの田夫として生きた親鸞は「大地の霊」との出会いを通じて一種の回心を経験した。「深く地中に食い込む脚跟」の、その素足の足裏から、大地から送られる巨大な野生の力、無尽蔵の生成と贈与の力が流れ込んでくるのを経験した。そのような力動的・生成的なしかたで超越者が切迫してくるのを感知したとき、「日本的霊性」は誕生した。大拙はそう仮説している。

「大地の霊」との霊的交流は、能楽の誕生、武芸の体系化とほぼ同時期の出来事であった。私はこの三つの出来事の間に深いつながりがあると感じる。列島住民が経験したある地殻変動的な文化的土壌の変化がこの三つの領域ではっきりしたかたちを取ったのではないか。他にもこのパラダイムシフトが別のかたちで露頭した文化現象があるのかも知れないが、私の思弁がたどりついたのは、とりあえずここまでである。

世阿弥の能楽は海民文化をどのように受け継いでいるのか、世阿弥の技術論において「大地の霊」との交錯はどのように表象されているのか、興味深い論件はまだいくつか手つかずのまま残されている。いずれそれらについても語る機会があるだろう。

武道の必修化は必要なのか?

学習指導要領の改訂作業を進めている中央教育審議会の体育・保健部会は2007年9月4日、中学校の体育で選択制の武道を必修化する方針を決めた。礼儀や公正な態度など、日本の伝統文化に触れる機会を広げるのが狙い。2011年度から実施予定。男子の武道は92年度まで必修だった。女子について必修化するのは戦後初めて。

伝統文化の尊重は、2006年12月に改正された教育基本法にも盛り込まれていた。同部会主査の浅見俊雄東大名誉教授は「必修化で一層、日本の伝統に親しんでもらいたい」と話している。

武道とともにダンスも必修化される。

というニュースを見る。

この人たちが武道というものをどういうものだと思っているのか、私にはよくわからない。わかるのは、私が40年近く修業してきた武道とはまったく別のものだということである。

日本の武道は近代において二度、決定的な「断絶」を経験している。

一度目は明治維新、二度目は敗戦である。

明治維新によって戦国時代以来の伝統的な身体文化の大半は消滅した。

剣道が息を吹き返すのは西南戦争において抜刀隊が示した高度な身体能力・殺傷技術によってである。以後、軍国ニッポンにおいて武道が重きをなしたのは殺傷技術としての有効性が評価されたことと、武士の「忠君」イデオロギーが天皇制の「愛国」イデオロギーと同型のものであったからである。

この「愛国イデオロギーに強化された殺傷技術」としての武道は敗戦によりGHQによって壊滅的に破壊された。

だから、50年代に武道が学校体育で復活するのは「スポーツ」としてである。

何のイデオロギー性もなく、単に筋骨を壮健にすることをめざすスポーツであるという限定条件を受け入れることで武道は復活の許可を得た。

それから半世紀、日本の武道の主流は「スポーツ」であり続け、それは他の外来の競技（フェンシングやボクシングやレスリングなど）と本質的な違いのないものと認定されてオリンピック種目にもなった。種族に固有の伝統文化であることを放棄する代償として、国際的認知を得たのである。柔道や相撲における外国人選手の活躍や、トップアスリートが引退後に「K－1」のラスベガスのリングでご活躍になっている様子などを見れば、これらの武道がとりたてて「伝統文化」の精華たらんとする意思を持たないことはうかがい知れる。

だとすると、中教審が「伝統文化」への回帰のための方途として意味する「武道」というのは、現代のこの「スポーツ武道」のことではない、ということになる。

とすれば、彼らは何を考えているのだろうか。大日本武徳会的な「戦前の武道」のことであろうか。だが、これも「伝統文化」とは言えない。

というのは、ここには、中世以来洗練されてきた身体文化のうち最も枢要な部分が排除されているからである。

それは、人間の蔵するポテンシャルを開花させ、潜在意識レベルでのコミュニケーション能力を開発する技法である呼吸法、瞑想法、練丹法などである。排除された理由は自明である。それらの技法を修業することで会得された能力は軍国主義国家における強兵の錬成のためには不要のものだからである。兵士が修業を積んで、ついに大悟解脱して「神武不殺」などと言い出したりされては困る。だから、武徳会系武道では伝統文化のうち「霊的成熟」にかかわる技法は組織的に排除されたのである。

中教審の体育・保健部会におられる「武道専門家」の方々は、この点についてはどうお考えなのであろう。

幕末以前の日本の伝統的な身体文化に立ち戻ることをめざしているのなら、私はこの答申に賛成である。けれども、この中教審の方々は明治維新の武道と以後の武道の間に存在する断絶について、どれほど自覚的なのか、それが私には不安である。

先に書いたように、明治維新のときに伝統的な武道文化はほぼ消滅した。

それについて山田次朗吉は『日本剣道史』にこう書いている。

「政治、経済、軍制、教育、商事、風俗次第に推移の歩武を運んでゆく中に、剣道は其命脈をいかに維ぎつつあつたか。顧みれば頗る悲惨の影響を蒙つたのである。(…)剣術を以て市井に道場を張れる浪人輩の如きは、皆生活の方針に迷はざるを得ざるありさまであつた。(…)昔は弓馬鎗剣は軍事の唯一の道具であつたが、洋式輸入の後は銃戦と変じて鎗剣は第二と下落した。随て之を学ぶ者も自づから重きを致さぬ所以である」（東京商科大学剣道部発行、1925年、356-357頁）。

明治初年に伝統的な流派のほとんどは消滅し、そのあと復活したのは「強兵」を作るために特化された「異常な武道」である。

中教審が再興しようとしているのが、この「異常な武道」であるのなら、私はそれに反対する。このようなものをいくら復興しても、私たちが得るものは何もないからである。

1943年、大陸戦線での合気道門人のあまりの「殺傷技術の高さ」に感動した陸軍幹部が合気道の植芝盛平開祖のもとを訪れた。剣道、柔道を廃し、今後軍事教練では合気道を必修にする計画への協力を申し出たのである。開祖は激怒して、「それは日本人全員を鬼にするということである」と一喝して、そのまま東京を去って、岩間に隠遁してしまわれた。

この開祖の怒りに共感できた人が当時の日本の武道関係者のうちにどれほどいただろうか。私はきわめて少なかっただろうと思う。

「日本人全員を鬼にする」ような種類の「異常な武道」を中教審が「復興すべき伝統文化」だと考えているのだとすれば、それは短見であると言わなければならない。

学校体育における武道はどうあるべきかについて明治維新以降最も真剣に考えたのは、私の知る限りでは、講道館柔道の開祖である嘉納治五郎先生である。

嘉納先生が大正末年から昭和のはじめにかけて書かれた「学校体育における武道の堕落」を慨嘆する胸が痛む文を読んだことのある人は中教審の中に果たして一人でもいるのであろうか。

「武道は日本が誇る伝統文化である」というようなことをしたり顔で言う前に、その「伝統文化」を明治以降私たち日本人自身が国策としてどのように破壊してきたのか、その破壊のすさまじさを確認するところから始めるべきなのではないのか。

いつかどこかで。ヒーローたちの足跡。山岡鐵舟

山岡鐵舟（1836〜1888）は無刀流開祖の剣客で、明治天皇の侍従をつとめた人である。しばしば「幕末三舟」と呼ばれる。あとの二人は勝海舟と高橋泥舟。徳川幕府が瓦解するときに、後退戦を見事に戦った人たちなのでこの名が贈られた。人間の大きさは不遇のときにわかる。多少の才覚があれば、勢いに乗じて出世することはそれほどむずかしいことではないが、頽勢のとき、負け戦の「しんがり」を見事につとめることのできる人間は少ない。

山岡鐵太郎は小野朝右衛門の子として天保7年（1836年）江戸に生まれた。父が飛騨郡代に任じられたため、鐵太郎も少年期を飛騨高山で過ごした。剣は井上清虎、後に千葉周作に就いて北辰一刀流を学び、書は岩佐一亭に学んだ。父母が相次いで急死したあとに

江戸に出て、そこで槍術を当時天下無双と謳われた山岡静山に就いて学んだ。静山は鐵太郎20歳のときに27歳で病没した。鐵太郎は師の遺族に懇請されて、静山の妹を娶り、六百石の旗本である小野家を離籍して、あえて微禄の山岡家に入った。妻となった英子は兄の弟子中抜群の器量である鐵太郎の人物を見込んで、「この人でなければ死ぬ」と言い切ったので、鐵太郎は「そんなら行こう」と快諾したと弟子小倉鉄樹の記した『おれの師匠』にはある。そういう人なのである。物事の損得や当否について判断するとき逡巡がない。人から真率に「頼む」と言われたら、事情にかかわらず「諾」と即答する。それは彼の剣風とも禅機とも通じている。

天龍寺の滴水和尚に印可を受けたあとも、山岡は禅家らしいことをしない。ある人が臨済録の提唱を求めたところ、山岡は道場で稽古着に着替えて、ひとしきり烈しい稽古をした後に「どうです、私の臨済録の提唱は」と訊いたと伝えられている。「俺は剣術が好きだから、剣術で禅を語る。坊主の真似をして禅書の講釈なんかせん」と。この逸話も山岡らしい。今ここで、手元にあるもので即座に応じるのである。「必要な支度を調えてから」ということをしない。

それができるのは、山岡が本当に必要なもの以外を身の回りに置かない人だったからだ。必要なのは剣と禅だけである。あとのものは要らない。かたちあるものは何も要らない。だから、剣を以て一流を立てるときに「無刀流」を名乗ったのである。

人間が生きるために要るのは「もの」ではない。知識でも技能でも情報でも道具でもない。風儀である。作法である。必要なものを必要なときに「はい」と取り出すことのできる力である。それができるのは、普段から、自分のまわりにある人物や事物について、それが「いざというとき」にどういう役に立つのか、その潜在可能性について徹底的に考え抜いていなければならない。

「ブリコルール」というのはレヴィ＝ストロースの術語だが、フランス語で「日曜大工」「便利屋」のことである。その辺にあるものを使って、必要なものを「はい」と作ってみせる人のことだ。偶然出先で怪我人に出会った外科医が焼酎で消毒し、ホチキスで傷口を止め、かまぼこ板で副木を作るようなものである。「あれがないから、できない」という言い訳ができない状況で人は「ブリコルール」的に生きなければならない。その力を山岡は重く見た。

三遊亭圓朝がはじめて山岡に会ったとき、一席語ってみたが山岡はつまらなそうに「お前の話は口で話すからだめだ」と評した。その言葉の意味が解けず圓朝は悩み、再び山岡のもとを訪ねて、「座禅をしたい」と言い出した。山岡は「やりなさい」と即答し、そのまま圓朝を二階の一間に押し込めて屏風で囲ってしまった。驚いたのは圓朝の方で、家にも帰れず、高座にも上がれず、自分がどうしてこんな目に遭うことになったのか頭を抱えてしまった。だが、山岡に泣訴しても取り合ってくれない。「ええい、ままよ」と腹を括ったら豁然大悟《かつぜんたいご》した。

この逸話も「思い立ったら、今すぐ、ここで」という山岡鐵舟の禅機をよく伝えている。あれこれ支度をしたり、日時を都合つけたりということを彼は許さない。逆から言えば、誰もが「今すぐ、ここで」なすべきことをなしうるだけの能力も、そのための資源も潜在的には所有しているのだという人間の可能性についての広々とした見方を山岡が持っていたということである。

侠客清水次郎長が山岡の知遇を得たのは明治元年のことである。榎本武揚とともに品川を脱走して蝦夷に走った軍艦のうち一艘が暴風に遭って清水港に漂着した。追ってきた官軍の兵士と斬り合いになり、乗組員7人が斬り死にした。官軍は死体を海に投げ込んだが、官軍の報復を恐れて誰も手を出さない。次郎長は不憫に思って舟を出して遺骸を回収して手厚く弔った。官軍に逆らう所業なので、当時駿府にいて藩政に参与していた山岡が次郎長を呼び出して糾問した。次郎長は「賊軍か官軍か知りませんけれど、それは生きている間のことで、死んでしまえば同じ仏じゃありませんか」と言い切った。山岡は膝を打って「仏に敵味方はないというその一言が気に入った」と言って後に次郎長が施主となって7人の死者のために法事を営んだときに山岡は求めに応じて墓標に揮毫した。

山岡鐵舟の最も有名な事績は、江戸開城の交渉のために官軍の西郷隆盛の下に赴いた話である。これが勝海舟の指示なのか山岡自身の発案なのかは史書は詳らかにしないが、勝はそれ以前に山岡に面識がなかったので、そのような任務の特使に山岡を指名するということは考えにくい。これは山岡が将軍慶喜の「赤心」を朝廷に伝える任務を自ら進んで志願し、軍事総裁の勝に最終的な許諾を得に行ったという小倉鉄樹説の方に説得力がある。山岡は薩人益満休之助ひとりを伴って東海道を上った。六郷川を渡ると官軍の鉄砲隊が警備を固めている。山岡はその中にずんずん進み、大音を上げてこう口上を述べた。

「朝敵徳川慶喜家来山岡鐵太郎大総督府へ通る」。

鉄砲隊長薩摩藩士篠原国幹は山岡の勢いに威圧されて、そのまま通してしまった。山岡は一気に駿府まで駆け抜けて、西郷隆盛と膝詰めで幕府の敗戦条件についての談判をした。まことに山岡鐵舟の面目躍如たる逸話である。伝記では篠原が気迫に呑まれて山岡を通したと書いているが、私は少し違う解釈をする。

旗本の山岡鐵舟と官軍の篠原国幹では立場が違う。戦うロジックが違い、ふるまいのコードが違う。だから両者の間に円滑なコミュニケーションが成立するはずがない。けれども、山岡はそこに奇跡的に架橋してみせた。なぜ、それができたのか。

山岡はあえて「朝敵」と名乗ることによって、いったん仮説的に篠原の立場に立ってみた。そして、暗黙のうちにこう伝えたのである。たしかにあなたの立場から見たら私は殺すべき相手であろう。あなたの立場からすれば、それは当然だ。だからこそ、徳川家の家臣が決して口にするはずのない「朝敵」を名乗ったのである。私は私の立場を離れて、あなたの立場に立ってものを見た。だから、あなたもまた官軍兵士としての判断をいったん留保して、「目の前にいるこの男の言い分にもあるいは一理あるのかも知れない」という仮説を一時的に採用してはもらえまいか。一度だけでも私の立場に立ってみてくれないか。私は私のコードを破った。あなたはあなたのコードを破ってはくれまいか。篠原に向かって山岡は組織人として課せられたコードを一時的に解除してくれるように求めたのである。私は篠原は「あっけにとられた」のではなく、山岡鐵舟の「赤誠」に彼なりの誠意を以て応じたのだと思う。ほんとうに力のある人間は、自分と対面している人間の最良の人間的資質を引き出すことができるのである。

同じ場面は西郷隆盛との対談でも繰り返される。将軍恭順の意志を聴いた西郷は降伏条件として江戸城明け渡しと武装解除を求め、山岡はこれを受諾する。だが、「徳川慶喜を備前へ預けること」だけは受け容れられぬと突っぱねる。西郷は「朝命である」と重ねて押すが、山岡はこう反問する。「今仮にあなたの主君島津公が誤って朝敵の汚名を受け、官軍が討伐に向かったとき、あなたが私の地位にあったら、朝命だからと言っておめおめ自分の主君を差し出すことができるか。君臣の情としてそれができるか」と。

官軍への恭順と武装解除は戦争の「理」として受け容れる。だが、慶喜備前預けの儀は君臣の「情」によって拒む。理と情はレベルが違うからだ。人間はそのどちらか一方に依拠して生きているわけではない。あるときは理で通し、あるときは情に譲る。その「あわい」にのみ人として生きられる境位がある。山岡はそのことを西郷隆盛にわずかな言葉で伝えた。伝えることができた。「仏に敵味方はない」というのは山岡と次郎長が合意した命題だが、このときも山岡は「敵味方」というような因習的区分が一瞬だけ無効化するような境位を見出したのである。これがおそらくは山岡の禅機なのである。西郷にこの消息がわからないわけがない。結果的に江戸は兵火を免れた。

幕末に山岡鐵舟が清河八郎と組んで組織した浪士隊というものがあった。将軍守護のために京都に上る剣客たちを募ったのである。その一番隊名簿に「内田柳松」という名が残されている。私の高祖父である。千葉周作の北辰一刀流玄武館から浪士隊に応募したのである。同六番隊には近藤勇、土方歳三、沖田総司らの名がある。高祖父は山岡と同流儀であったから、おそらく面識はあったはずである。短期間ではあったが、山岡鐵舟と私の高祖父は生き死にを共にする覚悟をした間柄であったのである。山岡鐵舟の名を見ると「他人のような気がしない」のはそのせいもある。

［特別篇］海民と天皇

はじめに——思弁と反復

天皇論について書き溜めたものを一冊の本にまとめることになって、その「特別篇」として「海民と天皇」という書き下ろし論考を添付することにした。これまで折に触れて書いたり話したりしてきた話なので、「その話はもう何度も聞いた」と閉口する人もいると思うが、ご海容願いたい。さしたる史料的な根拠のない、妄想に類する思弁であるが、私がこの話をなかなか止められないのは、これまで誰からも効果的な反論を受けたことがないからである。どの分野の人と話しても、話をすると「なるほどね。そういうことってあるかも知れない（笑）」でにこやかに終わり、「ふざけたことを言うな」と気色ばむ人にはまだ出会ったことがない。もちろん堅気の歴史学者や宗教学者は「まともに取り合うだけ時間の無駄」だと思って静かにスルーされているのかも知れないが。

とはいえ、一般論として申し上げるならば、思弁、必ずしも軽んずべきではない。フロイトの『快感原則の彼岸』は20世紀で最も引用されたテクストの一つだが、そこで「反復強迫」についての記述を始める時に、フロイトは「次に述べることは思弁である」と断り書きをしている。フロイトの場合は、一つのアイディアを、それがどれほど反社会的・非常識的な結論を導き出すとしても、最後まで論理的に突き詰めてみる構えのことを「思弁」と呼んだのであるが、私の場合の思弁はそれとは違う。私の思弁は一見するとまったく無関係に見えることがらの間に何らかの共通点を発見してしまうことである。そういう学術的方法を意図的に採用しているわけではなくて、気が付くと「発見してしまう」のである。「あ、これって、あれじゃない」。

数学者のポアンカレによると、洞察とは「長いあいだ知られてはいたが、たがいに無関係であると考えられていた他の事実とのあいだに、思ってもみなかった共通点をわれわれに示してくれる」働きのことだそうである。そして、二つの事実が無関係であればあるほど、その洞察のもたらす知的果実は豊かなものになるという（アントニオ・R・ダマシオ、『デカルトの誤り』、田中三彦訳、ちくま学芸文庫、２０１０年、２９３頁）。

私の「海民と天皇」というのも、遠く離れたところから引っ張ってきた、相互にまったく無関係に見えるものを私が直感的に関連づけたものである。「これって、あれ？」的直感で関連づけられた事項がずらずらと羅列されているだけで何の体系的記述もなしていない。けれども、そうやって羅列されたリストをじっと見ていると、そこにある種のパターンの反復が見えてくる。少なくとも私には見える。以下、それについて書きたいと思う。

海部と飼部

私に最初の「これって、あれ？」的直感をもたらしたのは梅原猛の『海人《あま》と天皇』という本である。その中に『魏志倭人伝』についてこんなことが書かれていた。

「中国から見た倭は、たしかに文身《いれずみ》をし、その王は女性でシャーマンである——、それは文明国、中国から見れば野蛮の国の象徴である」（梅原猛、『海人と天皇　日本とは何か（上）』、朝日文庫、2011年、92頁）。

高校の日本史の教科書にでも書いてありそうな何ということもない一文だが、その「文身」のところに注がついていた。たまたまそこを見ると、そこにはこう書かれていた。少し長いがそのまま引く。

「イレズミについて、『日本書紀』履中《りちゅう》天皇の条に次のような記述がある。『即日《そのひ》に黥《めさききざ》む。

此に因りて、時人《ときのひと》、阿曇目《あづみめ》と曰《い》ふ』（元年四月）。『是より先に、飼部《うまかひべ》の黥《いれずみ》、皆差《みない》えず』（五年九月）。『黥《げい》』とは眼の縁のイレズミ。『阿曇目《あづみめ》』から海部《あまべ》の風習、『飼部《うまかいべ》』から職能の民の風習が想像される。『眼の縁のイレズミ』は日本独特のものといわれる。『目』のもつ魔力をより強化するための呪術的作法であろう。海部は航海術を、飼部は馬術をもって天皇に仕えた。黥の記述は『神武紀』にも見える」（同書、１１０頁、強調は内田）。

文身や黥刑《げいけい》や阿曇《あづみ》氏のことはとりあえず脇に措いておく。私が目を見開いたのは「海部は航海術を、飼部は馬術をもって天皇に仕えた」という一文であった。そうか、そうだったのか。なるほど、これですべてが繋がったと私は感動に震えたことを覚えている。もちろん、こんな説明では皆さんには何もわからないだろう。いったい何がどう繋がったのか、その話をこれからする。

古代から中世にかけて、ある種の特異な職能をもつ部民たちは天皇に仕えて、その保護を受けていた。馬飼部《うまかいべ》、犬飼部《いぬかいべ》、鳥飼部《とりかいべ》などはその名から動物の飼育担当だったことがわかるし、錦織部《にしごりべ》、麻績部《おみべ》は織物の、土師部《はじべ》、須恵部《すえべ》は埴輪や土器の作成にかかわったことが知れる。同じように、海部《あまべ》はもともと潜水と漁を特技とし、海産物を「贄《にえ》」として天皇・朝廷に貢納した職能民であった。海部について少しだけ解説しておく。「解説はいいよ」という人はここを飛ばして、次の段落に進んでもらっても構わない。

『古事記』には伊邪那岐《いざなぎ》・伊邪那美《いざなみ》二神が「国生み」によって大八島ほかの島々を生んだとある。一通り生み終えたのちに、「海神《わたのかみ》、名は大綿津見神《おおわたつみのかみ》を生みまし」とある。これが海神という名詞の初出である。

その後、伊邪那岐が黄泉国《よもつくに》から戻って、筑紫《つくし》の日向《ひむか》の橘小門《たちばなのをど》の阿波岐原《あはぎはら》で禊《みそ》ぎ祓《はら》いしたときにも多くの神々が生まれるが、その中に、底津綿津見神《そこつわたつみのかみ》、中津綿津見神《なかつわたつみのかみ》、上津綿津見神《うわつわたつみのかみ》の三柱の名がある。「此の三柱は、阿曇連《あづみのむらじ》が祖神《おやがみ》といつく神《かみ》なり」とされている。これが海民の祖神である。

永留久恵によれば、「このワタツミ三神を伊弉諾尊《いざなぎのみこと》の禊祓《みそぎはらい》によって生じた神としたのは、海神を倭王朝の王権神話のなかに取り込んだもので、それは王権が成立した以後の作である。すなわち海神を祖《おや》とする部族が倭王朝に服属したことにより、その祖神伝承を王権神話の系譜に組み入れたもの」である（『海童と天童』、大和書房、2001年、92-93頁、強調は内田）。

伊邪那岐が海神を「生んだ」という話は、倭王朝が海神を祖神とする部族を服属させて、彼らが信じる神を、倭王朝の神統のうちにローカルな神として位置付けたことの神話的な表現である。事実、『日本書紀』には、応神天皇の時に、各地の海人が抗命したのを鎮圧した功によって、阿曇大浜《あづみのおおはま》が「海人之宰」（海人の統率者）に任ぜられたとある。この人が阿曇連《あづみのむらじ》の祖である。おそらく、それまでは王権に服属していなかった海人たちを、阿曇大浜が海人の反乱を契機に実力で抑え込み、部民組織に再編して、天皇に仕えたという歴史的事件があったのであろう。

　こんな古代史トリビアは忘れて頂いて構わない。私が言いたいのは、海部とは海産物を贄として上納し、また航海術という技術を以て天皇に仕えたということ、それだけである。航海術とは自由に移動する技術である。だから、「自由に移動する技術を以て主に仕える」というセンテンスは本質的には背理である。「主に仕える」というのは「自由を失う」ということだからである。

　海洋であれ、河川であれ、湖沼であれ、もともとは無主の場である。水は分割することも所有することもできないし、境界線を引くこともできない。海民たちはこの無主の空間を棲家とした。だから、海民を服属させた時に権力者が手に入れたのは、海民たちの「どこへでも立ち去ることができる能力」そのものだったということになる。ヘーゲルによれば、権力を持つ者が何より願うのは、他者が自発的に自分に服属することである。その他者が自由であればあるほど、その者が自分に服属しているという事実がもたらす全能感は深まる。

天皇は多くの部民たちを抱え込んでいたけれど、その中にあって、「ここから自由に立ち去る能力を以て天皇に仕える」部民は海民だけであった。それゆえ海民は両義的な存在たらざるを得ない。というのは、海民は自由であり、かつ権力に服さないがゆえに権力者の支配欲望を喚起するわけだが、完全に支配された海民は自由でも独立的でもなくなり、彼らを支配していることは権力者にもう全能感や愉悦をもたらさないからである。だから、海民は自由でありかつ服属しているという両義的なありようを求められる。その両義性こそ日本社会における海民性の際立った特徴ではないかと私は考えている。

源平合戦――陸と海のコスモロジー

海部の文身の風習を紹介した注記の中で、梅原猛は海部と飼部を対比的に紹介した。私が胸を衝かれたのは、海部と二項的に対比され得る部民がいて、それが飼部だということであった。

海部は航海術を以て天皇に仕えた。それは言い換えると、水と風の自然エネルギーを制御する技術によって天皇に仕えたということである。では、飼部は何を以て仕えたのか。「馬術を以て」と梅原は書いている。それは野生獣の自然エネルギーを制御する技術ということである。海部と飼部はいずれも野生のエネルギーを人間にとって有用な力に変換する技術によって天皇に仕えたのである。

とすると、この職能民たちの間で、「どちらが自然エネルギー制御技術において卓越しているか？」という優劣をめぐる問いが前景化したということはあって不思議はない。ふと、そう考えた。そして、そう考えた時に「なるほど、源平合戦というのはこのことだったのか」とすとんと腑に落ちたのである。この話は本書中の「世阿弥の身体論」で少しだけ触れたが、それについてもう少し詳しく書く。

平安貴族政治が終わる頃に二つの巨大な政治勢力が地方から中央へ進出した。一方は平家である。西国の沿海部に所領を展開し、海民たちをまとめ、清盛の父忠盛の代に伊勢に拠って、軍功を上げて、宮中に勢力を広げた。平清盛は保元平治の乱を経て、独裁的権力者となり、貴族たちの反対を押し切って福原遷都を挙行し、大輪田泊《おおわだのとまり》を拠点に東シナ海全域に広がる一大海洋王国を構想した。朝廷内に理解者の少なかった（たぶんほとんどいなかった）この海民的構想を実現するために清盛はきびしく異論を封じた。そのことに不満を抱いた人々が平家追討の主力を「もう一つの野生エネルギー制御者」である源氏に求めたのは選択としては合理的である。

源氏は東国内陸に拠点を展開し、馬を牧し、騎乗と騎射の妙技によって知られた職能民である。平家の一元支配の下で日本が海洋王国となり、航海術に優れたものたちに優先的に政治的・経済的資源が分配されるという未来は源氏にとっては受け入れがたいものであった。『平家物語』における源平の戦いが図像的には「沖には平家の船、陸には源氏の騎馬武者」という対比的な図像になっているのは、それが海の民と陸の民のコスモロジカルな対決だったからである。

源氏が野生獣のエネルギー制御に長じていたことは、『平家物語』が詳しく伝えている。鵯越《ひよどりごえ》では馬で崖を駆け下り、屋島の戦いでは馬で浅瀬を渡り、倶利伽羅《くりから》峠では数百頭の牛を放って平家を潰走させた。源氏の武者たちはもっぱら騎乗と騎射の技術によって平家を圧倒しようとした。その技術によってのみ平家と戦おうとしたという偏りに源平合戦の隠された構造が露出する。

源平合戦の中のよく知られたエピソードに「逆櫓《さかろ》」がある。平家追討の緒戦に当たる海戦で梶原景時は「逆櫓」という船の舳《へさき》と艫《とも》のどちらにも櫓がついた船を用いることを提案した。そのような機動性の高い軍船を使って平家を攻めることの利を景時は説いた。戦術的にはごく合理的な提案である。だが、これを義経は退けた。「もとよりにげまうけしてはなんのよかるべきぞ。まづ門出のあしさよ（はじめから逃げる準備をするのはよろしからず。縁起が悪い）」。やりたければ、お前は逆櫓でもなんでも好きなだけつければよろしい。私はふつうの櫓で行くと義経は言い放って、万座の前で景時の面目を潰した。

なぜ義経は操船の利を拒んだのか。それは、義経がこの戦が単なる政治的ヘゲモニーの争奪戦ではなく、野生のエネルギーを制御する技術を有する職能民の間の戦いであり、それゆえ相手の技術を借りて勝ったのでは意味がないと考えていたからである。義経はコスモロジカルなスケールで源平合戦をとらえており、景時は目先の局地戦の勝利にこだわり、そもそもこれが何のための戦いであるのかを忘れていた。そして、飼部としての職能の本義を忘れたことを義経に指摘されて、義経を殺さなければ癒やされないほどの屈辱を覚えたのである。

壇ノ浦で最終的に源氏は勝利を収めるわけだが、よく見るとわかるように、この最終的勝利をもたらしたのは、渡辺水軍、河野水軍、熊野水軍など平家に従わなかった海民たちの操船技術と、平家の海軍戦力の中心にいた阿波水軍の裏切りである。最終的に源平合戦の帰趨を決したのは艦船数と操船技術の巧拙だったのである。この最終局面には飼部の騎乗騎射の技術はもはやかかわっていない。『平家物語』の壇ノ浦の合戦が平家の「死に方」についての記述に満たされ、源氏の「勝ち方」について叙することがきわめて少ないのはおそらくそのせいである。だから、源氏はこの勝利を心から祝う気持ちにはなれなかったのではないかと私は思う。

陸獣と海獣

源平合戦は海部・飼部という二つの職能民がそれぞれの自然エネルギー制御技術の優劣を競った戦いであったというのが私の第一の仮説である。これは別の言い方で言うと、平安時代末に、日本人は「陸国」を志向するのか「海国」を志向するのか、その岐路に立ったということである。その時、列島住民はその二つの道のどちらを取るべきか逡巡した。これは世界史的にはかなり例外的なことのように思われる。というのは、カール・シュミットによれば、本来「大地の民」と「海洋の民」は陸棲の動物と魚類ほどに別の生き物だからである。

「海洋民族は一度も大地に足を踏まえたことがなく、大陸についてては、それが彼らの純粋な海洋生活の限界であるという以外にはなにも知ろうとしなかった。（中略）かれらの全生活、その観念世界および言語は海に関連していた。かれらには、大地から獲得されたわれわれの空間と時間についての観念は無縁であり、理解しえぬものであった。それは、逆にわれわれ陸の人間にとって、あの純粋な海の人間の世界がほとんど理解することのできない別世界であるのとまったく同じなのである」（カール・シュミット、『陸と海と　世界史的一考察』、生松敬三・前野光弘訳、慈学社出版、2006年、11-12頁）。

シュミットはアテナイから説き起こして、ヴェネチア、オランダ、イギリスといった海洋国家がいかにして大陸国家を圧倒して、世界史的なパワーとなり得たのかを記述した。

そして、19世紀のイギリスとロシアの緊張関係がしばしば「鯨と熊」の戦いで図像化されたことを引いた後に、「世界史は巨大な鯨、リヴァイアサンと、同じく強大な陸の野獣で、雄牛あるいは象として考えられていたビヒモスとの間の戦いである」（同書、18頁）と書いている。

世界史は陸の国と海の国、陸獣ビヒモスと海獣リヴァイアサンの間の戦いの歴史であるというのがシュミットの説である。

「陸と海」であれ、「定住民と遊牧民」であれ、「アーリア人とセム人」であれ、「ブルジョワとプロレタリア」であれ、何かと何かの根本的な対立が世界史を駆動しているという話型は、少なくともヨーロッパでは、それなしでは思考することができないほどに根源的な世界理解の枠組みである。シュミットの陸と海もその変奏の一つである。

いくつかの二項対立のうちでとりわけシュミットの「陸と海」という対立図式に私が惹かれるのは、日本の場合は、同一集団の内部にその二つの性格が拮抗しているように見えるからである。列島住民たちは、自分たちが陸の国として立つべきか海の国として立つべきか、それを確定しかねていた。だから、ある時は海洋国家を志向し、あるときは陸の国に閉じこもろうとする。日本は文字通り「海のものとも山のものともつかぬ」両棲類性の国家なのである。これが私の第二の仮説である。

日本社会の海民性

網野善彦は、日本人が自らの社会を「農業社会」「稲作社会」と考え、古代以来、江戸時代までは「農業国」であったという認識を持っているのは「事実と異なる虚構であり、そこから描かれる日本社会像は大きな偏りを持っているといわなくてはならない」と断じている（網野善彦、『海民と日本社会』、新人物往来社、１９９８年、９頁）。

「最も顕著、かつ重大なのは、現実の生活がさまざまな面で海に大きく依存しているにも拘らず、日本人が自らを専ら農業を主とする『民族』と思いこみ、自らの歴史と社会の中での海の役割について、ほとんど自覚してこなかったという点にある」（同書、９頁、強調は内田）。

なぜ日本人は自分たちが発生的には定住農民であるという誤った自己認識を抱くのか、なぜ自らの文化と社会における海民性に無自覚ないし抑圧的であるのか。この興味深い事実について、網野は次のような説明を試みている。

「中国大陸の国制―律令を受け入れて確立した古代国家、『日本国』は、六歳以上の全人民に田地を班給し、課税の基礎としたのであり、すでに百姓を稲作農民としようとする志向を強烈に持っていた。なぜこのような制度が採用されたかは、日本の社会、文化、歴史を考える上での根本的な大問題であるが、当面、この国家の支配層の基盤とした共同体のなかで、水田が祭祀とも深く結びついた公的な意味を持つ地種であったことにその理由を求める程度にとどめざるをえない」（同書、16頁、強調は内田）。

海民性が権力者によって排斥された理由はよくわからない。網野はそう書いている。とりあえずそれは自然環境のせいでも、産業構造のせいでもなかった。わかっているのは、稲作祭祀を列島に持ち込んだ集団が、水田を土地のありようの基本とみなし、「百姓」（本義はさまざまな姓をもつ人々、一般庶人）を農夫に限定的に解釈するという心的傾向を持っていたということだけである。

日本を「陸の国」とみなし、そこに住む民の本来的なありようを定住的な農夫に限定しようとするのは宗教的あるいは観念的なこだわり、一個の民族誌的偏見であり、必ずしも生活の実相を映し出していない。そう考えると、歴史的条件の変動によって、不意に民族の海民性が社会の表層に露出してくるという事態が説明できる。

平清盛の政体が強い海民性を持っていたことは先に述べた。源氏はそれを滅ぼして、平家の海洋王国構想はいったん水泡に帰した。だが、執権となった北条氏は「海上交通の支配」に積極的だった(同書、32頁)。これは海上交通に積極的だったというより、海上交通の支配に積極的だったと読むべきだろう。北条氏はそれまで京都の王朝の統治下にあった西日本、九州の交通路を掌握し、北では津軽・下北から北海道に勢力を持つ安藤氏を取り込み、南方では永良部島・喜界島・徳之島を配下の千竈《ちかま》氏の所領として、列島全域の交易を一手に収めた。元寇という国難的事態を考えれば、北条氏の得宗独裁体制が列島全域の海民支配を優先的にめざしたのは当然のことである。

だが、室町時代に入り、中央政府のハードパワーが落ち、有力な守護大名たちが幕府の統制を離れて自由に交易活動を展開するようになると、海民たちが自由に活動する時代が到来する。人々は国家の軛《くびき》から解き放たれてアジア全域に雄飛するようになる。山田長政はシャムに渡って政府高官となった。朱印貿易で巨富をなした呂宋《るそん》助左衛門の終《つい》の棲家《すみか》はカンボジアだった。高山右近は家康のキリシタン国外追放令を受けてフィリピンに去り、その「殉教者」的な死はマニラ全市のクリスチャンによって悼まれた。これらの「グローバル」な活動家たちの中にあって、海洋的な構想において際立つのは豊臣秀吉である。秀吉の朝鮮出兵は意図がわからないという人が多いが、秀吉は別に朝鮮半島に用があったわけではない。半島経由で明王朝を攻め滅ぼし、後陽成天皇を中華皇帝として北京に迎え、親王のうちの誰かを日本の天皇にする計画だったのである。秀吉自身は寧波《ニンポー》に拠点を置いて、東シナ海、南シナ海を睥睨《へいげい》する一大海洋帝国を構想していた。典型的に海民的な構想だが、間歇的に発現する海民的性格というものを理解しない人たちの眼には単なる狂気としか映らなかったであろう。

秀吉の海上帝国構想が頓挫した後、江戸時代という長い「陸の国」の時代が来る。この時代の海民たちはそれでも漁労、海産物商、木材・薪炭商、廻船業者として体制内的な商業実務に携わっていた。金融、経営、雇用などにかかわる商業文化の洗練に海民たちは深く与《あずか》っている。幕末に欧米列強が日本に開国を迫った時の日本が経済社会として熟成していたことに網野は海民の貢献を見ている（同書、40－41頁）。

「ビヒモスの時代」には「リヴァイアサン」的な活動は異端として斥けられるが、「陸の国」の国家経営が行き詰まると、再び「海の国」に希望を見出す人たちが出てくる。例えば、幕末に神戸海軍操練所を開いた勝海舟も、そこで勝に航海術を学び、亀山社中という私設海軍かつ商社というきわめて海民的な組織を創建した坂本龍馬もそうである。勝が海軍操練所・海軍塾（塾頭は龍馬）を開いたのは、清盛が日宋貿易の拠点と定めた大輪田泊の跡地である。これが偶然の一致であるはずがない。

そして、明治以後、また揺れ戻しがあって、日本は「陸の国」となる。外形的には艦船を外洋に送って、領土を海外に広げたわけだが、これを日本社会の海民性の発露と見ることはできない。すべての変数を単一の方程式で制御しようとする中央集権的な政体は非海民的である。そして、そのことが最終的に日本に致命的な敗戦を呼び込む。網野は明治以後の非海民的な70年をむしろ日本歴史上では例外的な時期とみなしている。

「海を国境とし、列島を『島国』にしようとしたのは、国家、支配者であった。とくに帝国への志向を強く持った古代の『律令国家』百年と、敗戦までの近代国家七十年は、『日本国』千三百年の歴史の中で、きわめて特異な時期であったといわなくてはならない。

朝鮮半島をはじめ周辺諸地域に対する侵略的・抑圧的な姿勢、そこに根を持つ『異国人』に対する差別は、この時期、顕著に表面に現れる」（同書、326頁、強調は内田）。

私も網野のこの評価に与する。明治維新以後今日までを通覧すると、海外に領土を拡大しようとして抜き差しならない戦争を始めたこと、軍民310万人の戦死者のほとんどは1942年にミッドウェーで帝国海軍の主力艦船を失った後のものであること、戦後日本の高度経済成長を支えたのが海運貿易であったこと、人々が土地の所有・売買を経済活動の中心にしたバブル崩壊で日本経済が再起不能の深傷を負ったこと。これを見ると、海洋的である時と島国的である時で国運の潮目が変わるという一般的傾向があるように見える。もちろん、私の眼に「そう見える」というだけの話であるが、私にはそう見える。

無縁の場・無縁の人

日本列島住民の海民性ということについて、ここまで書いてきた。海民と天皇の結びつきについては、まだ言葉が足りない。ここで「無縁」という補助線を引くことによって海民と天皇の間の繋がりを際立たせてみたいと思う。

古代中世以来、列島の各地に、「無縁の場」が存在した。無縁とは文字通り「縁が切れる」ことである。ここに駆け込めば、世俗の有縁（夫婦関係、主従関係、貸借関係、さまざま賦課など）を断ち切って、人は自由になることができた。それは飢える自由、行倒れになる自由と背中合わせではあったが、それでも自由であることに変わりはない。無縁の場とされたのは寺社、山林、市庭、道路、宿、とりわけ河原であった。

「『宿河原』とよくいわれるように、『宿』はしばしば河原の近辺に所在している。これは、交通とも無関係ではなく、さきにふれた淀の河原のように、そこに市の立つ場合もあったのであるが、なにより、河原が死体・髑髏の集積地であり、葬地だったからにほかならない。（中略）河原は、まさしく賽の河原であり、『墓所』、葬送の地として、無縁非人と不可分の『無縁』の地であった。それ故にここは、古くは濫僧、屠者、中世に入ってからは斃牛の処置をする『河原人』『餌取』『穢多童子』、さらには『ぼろぼろ』など、『無縁』の人々の活動する舞台となったのである」（網野善彦、『無縁・公界・楽』、平凡社、1978年、154-155頁）。

無縁の人である聖上人たち宗教者の活躍が際立ったのもそこである。「橋を架け、道路をひらき、船津をつくり、泊を修造」するという仕事は行基・空也以来、「必ずといってよいほど、聖《ひじり》の勧進によって行なわれた」（同書、１６６頁）。「『無縁』の勧進上人が修造する築造物は、やはり『無縁』の場でなくてはならなかった」（同書、１６８頁）からである。

「無縁」者には次のよう職種の人たちが含まれる。

「海民・山民、鍛冶・番匠・鋳物師等の各種手工業者、楽人・舞人から獅子舞・猿楽・遊女・白拍子にいたる狭義の芸能民、陰陽師・医師・歌人・能書・算道などの知識人、武士・随身などの武人、博奕打・囲碁打などの勝負師、巫女・勧進聖・説経師などの宗教人」（同書、１８７頁）。

彼らはそれぞれの職能を生業として広範囲を移動したわけだが、移動の自由のためには関渡津泊・山野河海・市・宿の自由通行の保証を得ていなければならないわけだが、彼らにその保証を与えていたのは天皇であった。

「こうした『無縁』の場に対する支配権は、平安・鎌倉期には、天皇の手中に掌握される形をとっていた。多くの『職人』が供御人《くごにん》となっていった理由はそこにある」（同書、188頁）。

海民たちには、古代から天皇・朝廷に海水産物を贄として貢ぐ慣習があった。彼らは「無主」の地である山野河海を生業の場とする。中世にそれらの土地は天皇が直轄する「御厨《みくりや》」となった。その住民たちは天皇の直轄民となり、「供御人」と呼ばれるようになった。海民と天皇はここで「無縁」という空間を媒介として結びつくのである。

歴代天皇のうちで無縁の者たちとの繋がりが最も際立っていたのは後醍醐天皇である。後醍醐天皇は「無縁の者」たちをそのクーデタのために動員した。その結果、建武期の内裏には、天皇の直接支配を受けるかたちで、覆面をし、笠をかぶった聖俗いずれともつかぬ「異形の輩」「悪党」たちが闊歩していた。

だが、無縁の人とのかかわりが深かったにもかかわらず、後醍醐帝と海民の結びつきについては、熊野海賊が軍事的支援をしたという以外には特筆すべき事績が見当たらない。これは後醍醐が日本歴史上例外的な「中央集権的な天皇」であったことと無関係ではないだろう。

すでに見たように、中央政府のハードパワーが強く、海民たちがその完全な支配下にあった時期、例えば律令期や得宗独裁期や建武の天皇親政期、そして明治以後は、海民は政府に中枢的に統御されていた。活動が「官許」されていたわけであるから、海民たちはそれなりの存在感を示していた。だが、それは社会そのものの性格が海民的であることとは違う。日本社会の海民性が際立つのは、中央政府の支配力が衰え、中枢的な統制が弱まった時である。

道と海民

政治的支配の強さと海民の活動がゼロサムの関係にあるという仮説の一つの傍証として五畿七道《ごきしちどう》という古代の交通制度を見ておきたい。

律令時代に五畿七道という行政制度が整備された。七道（山陽道・山陰道・西海道・東海道・東山道・北陸道・南海道）の「道」というのは現在の北海道と同じく行政単位の名だが、古代では、それが道路に沿って展開していた。全長６３００キロに及ぶこの道路は幅が6メートルから30メートルあり、「都と地方を結ぶ全国的な道路網であり、その路線計画にあたっては、直進性が強く志向されている」と近江俊秀は書いている（『古代道路の謎』、祥伝社新書、２０１３年、25頁）。

今、数字を書き連ねてみたが、６３００キロというのは現在の本州高速道路網の総延長に匹敵する。私たちの家の前の一般道路は一車線せいぜい3メートルである。30メートル幅の道路というのがどれほどの規模のものかはそこから知れるだろう。

江戸時代に幕府が造営した五街道（東海道・中山道・甲州道中・日光道中・奥州道中）は幅3・6メートルで、地形にあわせて屈曲する道路であった。今の生活道路と変わらない。しかし、古代に造営された七道は現在の高速道路と同じく、地形とも地域住民の生活ともかかわりなく、ただ都から地方の要衝までをまっすぐ定規で線を引いて作られたのである。そこが湿地であろうと掘削しないと通せないところであろうと地盤が弱く保全が困難な地形であろうと、駅路は直線的に造られた。

都から地方への軍略物資の輸送、地方から都への貢納品の輸送というのが、交通網としての実用目的だったと推察されるが、それでも理解しがたい点は残る。何よりもまず道路が直線であれば人は早く移動できるというものではないからだ。生身の人間にとって歩きたい道というのは直線とは限らない。川沿いや木陰や谷合や峠の、歩いて気分がよく、休憩したり、飲食したり、一夜を明かすのに適した場所を縫って生活道路は形成される。土地と人間の「対話」をベースにして作れば道路は必ず屈曲する。だが、古代道路はそうではない。ということは、古代道路は机上の計画だけに基づいて設計されたということであり、あえて言えば人間的な、生理的な基準を無視して設計されたということである。

古代道路を最も頻繁に用いたのは納税のために都に上る庶民だったが、彼らはいつ故郷を発ち、都まで一日何キロ歩くかまでが法で定められていた。納税を終えて故郷に帰る人々が帰路、餓死する事例が多発したと『続日本紀』には記載がある（同書、97頁）。七道はそれほどに非人間的な道路だったということである。それゆえ、近江は古代「駅路には『国家権力を人々に見せつけるための象徴』という意味合いがあったことがわかるのである」（同書、27‐28頁）としている。

もう一つ腑に落ちないのは、七道には水上交通が含まれていないことである。大量の物資を短時間に運ぶという点でいえば、すでに十分な発達を遂げていた河川湖沼の水上交通を無視するというのは政策として不合理である。でも、七道が国権の誇示のための装置であったとするならばそれも理解できる。律令国家の支配者たちは水上交通を司っていた海民たちに向かって「お前たち抜きでも国家のロジスティックスは成り立つ」ということを告知し、かつ軍事物資や貢納品を決して海民の手に委ねないことによって、国家は海民たちを決して信用しないという強い意志を伝えたと考えれば、それも理解できる。

古代道路のもう一つの特徴は、これほど巨大なプロジェクトの成果であるにもかかわらず、短期間で廃用されたことである。国が総力をあげて造営した交通網が１００年ほど後には草生し、崩れ、人気のない無住の地になった。古代道路の遺構は今でもしばしば田畑や山林から発掘されるが、それはそれ以後それを道路として使った人間がいなかったということを意味している。

そして、「それまでの計画的な大道が荒廃しはじめる過程」が始まると同時に、「大量の物資を輸送するルートとしての海、川の交通路の役割が再び表に現われ」るのである（網野、前掲『海民と日本社会』、１３５頁）。

古代道路の荒廃から、私たちは国威発揚や権力誇示といった観念的な目的のために人間という「ものさし」を無視して行われた巨大事業の末路を知ることができる。そして、そのようなタイプの政治と海民文化がゼロサムの関係にあることも知れるのである。

おわりに——テムズ川についての二つのエピソード

『四つの署名』でシャーロック・ホームズは犯人を追ってロンドン市内を走り、最後にテムズ河岸に至る。犯人はそこから船で逃亡したのだ。だが、一艘の汽艇をテムズ流域から探し出すのは不可能に近い。船の外見もわからず、両岸のどこの桟橋に停泊したかもわからず、「橋から下は何マイルというもの、そこらじゅう桟橋だらけで、まるで手がつけられやしない」とホームズを嘆かせる（サー・アーサー・コナン・ドイル、『四つの署名』、延原謙訳、新潮文庫、1953年）。

それに河岸で水上交通に携わる人々は部外者が入り込むことを嫌った。河岸の出来事について何か知りたがっていると気取られると「あの手合いは牡蠣のように口をつぐんでしまう」のだ。ロンドン警察も、ホームズ子飼いのベイカー街の少年探偵たちも河岸に入り込んで情報をとることができない。結局はホームズが老海員の変装で河岸を探偵して、インサイダーのふりをすることでようやく汽艇についての情報をつかむ。

それからスコットランドヤードと盗賊たちの汽艇の競走が始まる。ロンドン塔の下から海に向かって追跡は始まり、アイル・オブ・ドッグズの鼻先を回り、ウーリッジのあたりで追いつくけれど、盗賊たちは右岸へ接岸して逃れようとする。「そのあたりの河岸は一面に荒涼たる沼地で、人気はなく、よどんだ汚水と腐れかかった汚物のうえに、こうこうたる月が照りわたっていた」。

グーグルマップで見ると、今もそのあたりには汚れた遊水地と埋め立て地に広がる野原以外には目立った建物もない（刑務所があるくらいだ）。ホームズの時代にはどれほど荒涼とした場所だったのだろう。ロンドンを出た犯人たちが向かうのはテムズ下流のグレイブズエンドあたりだろうとホームズは推理していたが、Gravesend とはまさに「墓場の果て」の意である。

19世紀のテムズ川は生活排水、生ごみ、糞尿、工業用排水、動物の死骸まであらゆる汚物が流れ込んだ「世界一汚い川」であった。その下流の湿地帯のどこかに逃げ込んでしまえば、もう警察の捜査の及ぶところではなかったのである。

『四つの署名』の水上追跡場面がシャーロック・ホームズの数ある活劇シーンの中で屈指のものであるのは、テムズ川を波しぶきを上げて疾走する一隻の汽艇とその黄色い探照灯が届く範囲だけがかろうじて文明と理性の及ぶ圏域であり、その外側には暗闇と悪臭と汚泥と犯罪の「無縁の地」が広がっているという構図の鮮やかさのせいである。

今の皇太子である徳仁親王はオックスフォードに留学したときにテムズ川の水上交通を研究テーマに選んだ。なぜそのような特殊な研究主題を選んだのかについて親王はエッセイの中でこう書かれている。

「そもそも私は、幼少の頃から交通の媒介となる『道』についてたいへん興味があった」（徳仁親王、『テムズとともに』、学習院教養新書、１９９３年、１４９頁）。

高校時代まで皇太子の関心は近世の街道と宿駅に向けられていたが、大学史学科に籍を置いてからは、「律令制のもとで整えられた古代の駅制と幕藩体制下で整備された近世の宿駅制との間にあって、まだ十分に研究の及んでいない中世の交通制度に関心が移ってきた」のである（同書、１５０頁）。

律令期の七道と近世の五街道の間の中世の交通制度について「まだ十分に研究の及んでいない」ことを奇貨として中世の道と宿駅の歴史的意義を問い直したのは網野善彦である。そして、徳仁親王が「道」の研究のために学習院史学科に進んだ１９７８年は、まさに網野の『無縁・公界・楽』が刊行された年であった。徳仁親王の研究関心が網野の本と無関係であったと考えることはむずかしい。

徳仁親王が就いたオックスフォードの指導教官マサイアス教授は、最初にこれまでの研究成果として、日本の交通史を概観するレポートの提出を言い渡した。親王が古代から江戸時代までの交通制度について書き上げた概論を一読した教授から「自分の意見をもう少し書くようにと言われ、なぜ日本では馬車が発達しなかったのかを少し考えるように指摘をされ」た親王は「早くもこれから先が大変だなと思わざるをえなかった」(同書、153頁)と慨嘆した。

なぜ日本では馬車が発達しなかったのか、これはある意味で研究動機の核心を衝いた問いであった。答えはもちろん「水上交通が発達していたから」である。ではなぜ日本列島では水上交通が発達していたのか。それは海民と天皇の間に深い結びつきがあったからである。けれども、親王は当事者として「自分の意見」を自制せざるを得ない。天皇と海民のかかわりには触れずに、日本の水上交通の特異性をイギリスの歴史学者に説明する作業を思いやって、親王はおそらく慨嘆したのである。

徳仁親王の研究内容について触れる紙数はないので、親王がテムズの語源について書かれた印象的な一節を引いてこのとりとめのない論考を終わらせたいと思う。

「なお、テムズ(Thames)の語源についてマリ・プリチャード、ハンフリー・カーペンター共著“A Thames Companion”では、『暗い』を意味するTemeをあげている。ケルト人は河川に対する信仰をもとに、沼沢地も多く近づきにくい未開発のこの河川を『暗い』、『神秘的』であると受けとめ、この印象がその後の諸民族にも引き継がれて、『テムズ』川と呼ばれたのであろうと推定している。まことに興味深い説である」（同書、156-157頁）。

「日本的情況を見くびらない」ということ――あとがきにかえて

1969年、私が予備校生だった頃、東大全共闘が三島由紀夫を招いて討論会を催したことがあった。三島由紀夫は単身バリケードの中に乗り込んで、全共闘の論客たちと華々しい論戦を繰り広げた。半世紀を隔てて、そのときの対談記録を読み返してみると、全共闘の学生たちの行儀の悪さと過剰な政治性に比べて、情理を尽くして学生たちに思いを伝えようとする三島由紀夫の誠実さが際立つ。そのときに、三島由紀夫は「天皇」という一言があれば、自分は東大全共闘と共闘できただろうというその後長く人口に膾炙《かいしゃ》することになった言葉を吐いた。当時の私にはその言葉の意味が理解できなかった。だが、その言葉の含意するところが理解できるようになるということが日本における「政治的成熟」の一つの指標なのだということは理解できた。

記憶があいまいだったので、古書を漁って、討論の記録を手に入れた。改めて読み返してみて、私が胸を衝かれたのは、三島の次の発言である。いささか長いけれど、引用してみる。

「これはまじめに言うんだけれども、たとえば安田講堂で全学連の諸君がたてこもった時に、天皇という言葉を一言彼等が言えば、私は喜んで一緒にとじこもったであろうし、喜んで一緒にやったと思う。（笑）これは私はふざけて言っているんじゃない。常々言っていることである。なぜなら、終戦前の昭和初年における天皇親政というものと、現在いわれている直接民主主義というものにはほとんど政治概念上の区別がないのです。これは非常に空疎な政治概念だが、その中には一つの共通要素がある。その共通要素は何かというと、国民の意思が中間的な権力構造の媒介物を経ないで国家意思と直結するということを夢見ている。この夢見ていることは一度もかなえられなかったから、戦前のクーデターはみな失敗した。しかしながら、これには天皇という二字が戦前ついていた。それがいまはつかないのは、つけてもしようがないと諸君は思っているだけで、これがついて、日本の底辺の民衆にどういう影響を与えるかということを一度でも考えたことがあるか。これは、本当に諸君が心の底から考えれば、くっついてこなければならぬと私は信じている。それがくっついた時には、成功しないものも成功するかもしれないのだ。」（三島由紀夫・東

大全学共闘会議駒場共闘焚祭委員会、『討論　三島由紀夫vs.東大全共闘』、新潮社、1969年、64-65頁、強調は内田）

この発言から私たちが知れるのは、三島が日本の政治過程において本質的なことは、綱領の整合性でも、政治組織の堅牢さでもなく、民衆の政治的エネルギーを爆発的に解発する「レバレッジ」を見出すことだと考えていたことである。そして、その「レバレッジ」は三島たちの世代においては、しばしば「天皇」という「二字」に集約されたのである。

あえて「世代」を強調したのは、三島と同世代の思想家たちはほとんど同じことを別の文脈で（しばしば「天皇」という語を伏せたまま）語っていたからである。

「民衆の爆発的なエネルギーと触れ合うことのない政治は無力だ」という実感は、三島由紀夫も吉本隆明も、あるいは江藤淳も大江健三郎も鶴見俊輔も持っていたと思う。

それも当然だと思う。この世代の人々は、おのれ自身の少年時代において、その「爆発的なエネルギー」のうちに巻き込まれて死ぬことを特に理不尽なことだと思っていなかったからである。「国家意思と直結した仕方で死ぬ私」という先取りされた死の実感をこの世代の人たちはその少年時代に原体験として有していた。人によってはそれがエロティックな法悦をもたらしたかも知れないし、人によっては身を引き裂かれるような痛みをもたらしたかも知れないが、いずれにせよ、政治的幻想がおのれの固有の身体においてありありと受肉した経験というものを彼らは持っていた。そして、リアリティの絶対値においてそれに匹敵する経験を、彼らは敗戦後の日本ではついに見出すことができなかったのである。

三島由紀夫が東大全共闘の思想と運動のうちに、「勤皇の志士」と同質の政治的資質を見出したのは炯眼《けいがん》という他はない。というのは、戦後日本の政治運動のうち、ある程度の民衆的高揚を達成したものは、いずれも「反米愛国」の尊王的ナショナリズムから大きなエネルギーを備給されていたからである。

60年安保闘争は表層的には日米安保条約という一条約の適否をめぐるもののように見えるけれど、本質は「反米愛国」のナショナリズムの運動である。そうでなければ、あれほど多くの市民が仕事を休んでまで国会デモに駆けつけたことの意味は理解できない。政治はもともと「常民」にとっては無縁のものである。外交条約の適否より「明日の米びつ」を心配するのが「常民」の真骨頂であり、そう言ってよければ、彼らの批評性の核心である。この批評性の前に一歩も退かない政治思想しかほんとうに社会を変えることはできない。

60年安保のときには少なからぬ非政治的な市民たちが政治化した。それを岸内閣の政権運営の粗雑さだけで説明することはできない。市民たちが立ち上がったのは、学生たちの

「反米愛国」のうねりの彼方に「戦われずに終わった本土決戦」の残影を幻視したからである。

なぜ私がそんな危ういことを断言できるかと言えば、1968年の1月の佐世保での空母エンタープライズ号寄港阻止闘争のニュース映像をテレビで見たときに、17歳の私もそれに似たものを感じたことがあるからである。

テレビカメラが映し出していたのは、ヘルメットにゲバ棒で「武装」し、自治会旗を掲げた数千の三派系全学連学生たちの姿だった。私はその映像に足が震えるほどの興奮を覚えた。佐世保の現場と私のいる東京の家のリビングルームが「地続き」だということが私には直感された。それはヘルメットが「兜」で、そこに書かれた党派名が「前立て」で、ゲバ棒が「槍」で、自治会旗が「旗指物」だったからである。佐世保の学生たちは、ペリー提督率いる「黒船」襲来のときに先祖伝来の甲冑をまとい、槍と旗指物を掲げて東京湾岸に駆け付けた「侍」たちのスタイルをそれと知らずに再演してみせたのである。

カール・マルクスは『ルイ・ボナパルトのブリュメール一八日』にこう書いている。

「人間は自分自身の歴史をつくるが、自分が選んだ状況下で思うように歴史をつくるのではなく、手近にある、与えられ、過去から伝えられた状況下でそうするのである。死滅したすべての世代の伝統が、生きている者たちの脳髄に夢魔のようにのしかかっているのだ。そして、生きている者たちは、ちょうど自分自身と事態を変革し、いまだになかったものを創り出すことに専念しているように見える時に、まさにそのような革命的な危機の時期に、不安げに過去の亡霊たちを呼び出して助けを求め、その名前や闘いのスローガンや衣裳を借用し、そうした由緒ある扮装、そうした借りものの言葉で新しい世界史の場面を演じるのである。」（カール・マルクス、『ルイ・ボナパルトのブリュメール一八日』、横張誠訳、筑摩書房、２００５年、４頁、強調は内田）

１９６８年１月の空母エンタープライズ号寄港阻止闘争における三派系全学連のいでたちはそれと知らずに「過去の亡霊たち」を呼び出し、その助力を求め、その「闘いのスローガン」と「衣裳」を借りていた。限定的な課題についての、地域的な政治闘争が「世界史的な場面」に転換するためには、そのような仕掛けが必要なのだ。そのことを無意識のうちに直感したがゆえに、この学生たちの闘いはそれからあと3年にわたって、日本中の大学高校を深い混乱のうちに叩き込むだけの政治的実力を持ち得たのである。

　そのような政治的意匠の働きを勘定に入れれば、三島由紀夫が佐世保闘争の1年後に、全共闘の学生たちに向かって、「天皇という言葉を一言彼等が言えば、私は喜んで一緒にとじこもったであろうし、喜んで一緒にやったと思う」と言ったのは決して唐突なことではなかったのである。

東大全共闘の学生の一人はこのとき、三島が『英霊の聲』などの作品を通じて天皇を美的表象として完結させようとしながら、その一方では、自衛隊に体験入隊したり、楯の会を結成したりして、世俗的な天皇主義者的なふるまいをすることの首尾一貫性のなさを難じた。あなたは美的な天皇主義者なのか、それとも世俗的な天皇主義者なのかどちらなのかという鋭い指摘に三島は笑顔でこう応じた。

「いまのは、非常に勤皇の士の御言葉を伺って、私は非常にうれしい。（笑）あなたはあくまで天皇の美しいイメージをとっておきたいがために、私を書斎にとじこめておきたい。（笑）あなたの気持の奥底にあるものはそれだ。この尽忠愛国の志に尽きると思う。（笑）」（三島、前掲書、63頁）

三島のこの発言を学生たちはジョークだと受け取り、会場は笑いに包まれた。すると、一人の学生が苛立って「まじめに話せよ、まじめに！」と三島に食ってかかった。三島はやや色をなして、こう一喝した。

「君、まじめというのはこの中に入っているんだよ！　言葉というのはそういうものだ。この中にまじめが入っているんだ。わかるか！」（同書、63頁）

三島と全共闘との「対話」は事実上ここで終わる。あとの天皇をめぐる思弁的な議論はつまびらかにするに足りない。それでも集会の最後に三島が語った言葉はやはり傾聴に値する。

「いま天皇ということを口にしただけで共闘するといった。これは言霊というものの働きだと思うのですね。それでなければ、天皇ということを口にすることも穢らわしかったような人が、この二時間半のシンポジウムの間に、あれだけ大勢の人間がたとえ悪口にしろ、天皇なんて口から言ったはずがない。言葉は言葉を呼んで、翼をもってこの部屋の中を飛び廻ったんです。この言霊がどっかにどんなふうに残るか知りませんが、私がその言葉を、言霊をとにかくここに残して私は去っていきます。そして私は諸君の熱情は信じます。これだけは信じます。ほかのものは一切信じないとしても、これだけは信じるということはわかっていただきたい。」（同書、１２０頁、強調は内田）

三島が信じようとしたのは学生たちの「憂国の熱情」である。古めかしい言葉だけれど、三島はたしかにそれを学生たちのうちに感知したのである。そして、日本社会においては、それしか地殻変動的な政治的エネルギーを備給する情念は存在しないのである。

アメリカの属国として、大義なきベトナム戦争の後方支援をつとめ、ベトナム特需で金儲けし、平和と繁栄のうちに惰眠をむさぼっている日本人であることを学生たちは深く恥じていた。その恥辱と自己嫌悪が学生たちの学園破壊運動の感情的な動機だった。私はこの討論のちょうど1年後に同じキャンパスの空気を吸った。だから、全共闘の学生たちの屈託がどういうものか実感として知っている。彼らが「自己否定」というスローガンを掲げたのは、国に大義がないとき、その国においてキャリアパスを約束されている人間にも同じく義がないと感じたからである。「邦《くに》に道あるに、貧しくして且《か》つ賤《いや》しきは恥なり。邦に道なきに、富《とみ》て且つ貴《たっと》きは恥なり」（『論語』泰伯篇）という孔子の言葉を東大全共闘の学生たちはそのままほとんど愚直に受け止めたのである。

60年代末の学生運動がそれなりの政治的エネルギーを喚起できたのは「常民」たちを眠りから目覚めさせずにはおかない「尊王攘夷」の政治幻想に駆動されていたからである。それがついに学園から外に出て、市民社会に浸透することができなかったのは、学生たちの自己否定論につきまとう「君子固《もと》より窮す（君子は小人に先んじて受難する）」という旧制高校的なエリート意識の臭みのゆえである。絵解きしてみると、素材はずいぶん古めかしいのである。

養老孟司は全共闘の運動がある種の「先祖返り」であることをその時点で察知した例外

的な人である。養老先生は御殿下グラウンドに林立する全共闘戦闘部隊の鉄パイプを見たときに戦争末期の竹槍教練を思い出したと私に話してくれたことがある。それを聞いたときに、吉本隆明が転向について言ったのと同じことが全共闘運動についても言えるのかも知れないと私は思った。

学生たちがそれと知らずに、「過去の亡霊たち」に取り憑かれたのは、まさに「侮りつくし、離脱したとしんじた日本的な小情況から、ふたたび足をすくわれたということに外ならなかったのではないか。」

吉本は戦前の共産主義者たちの組織的な転向についてこう書いた。

「この種の上昇型のインテリゲンチャが、見くびった日本的情況を（例えば天皇制を、家族制度を）、絶対に回避できない形で眼のまえにつきつけられたとき、何がおこるか。かつて離脱したと信じたその理に合わぬ現実が、いわば、本格的な思考の対象として一度も対決されなかったことに気付くのである。」（「転向論」、『吉本隆明全著作集13』、１９６９年、勁草書房、17頁、強調は内田）

この言葉はそのまま全共闘の学生たちについても適用できるだろうと私は思う。彼らは戦前の共産主義者たちの「転向」を別のかたちで、皮肉なことに一場の成功体験として経験したのである。もしそうなら、その運動と思想が「日本的情況」内部的な事件として「思考の対象として対決される」ことが決してないのも当然である。

話を戻す。三島由紀夫が東大全共闘に向けて「私たちは同じ現実のうちにいる。同じ幻想のうちにいる。それを解き明かすキーワードは『天皇』だ」と告げたときには、18歳の私はその真意をはかりかねた。けれども、この言葉のうちには真率なものがあると感じた。この言葉の意味がわかるようになりたいと思った。そして、「侮りつくし、離脱したとしんじた日本的な小情況から、ふたたび足をすくわれ」る目にだけは遭いたくないと強く思った。

予備校生だった私はそのまま立ち上がって、自宅近くの「神武館」という空手道場に入門した。数か月後に入学した大学でも空手部に入った。天皇制のエートスを理解するためには武道修業が捷径《しょうけい》ではないかと直感したあたりは子どもながら筋は悪くない。けれども、大学一年の冬に三島由紀夫は割腹自殺し、私は暴力事件を起こして空手部を退部になり、武道修業を通じて天皇制的「情況」に迫るという少年の計画は水泡に帰した。

それから50年の歳月を閲《けみ》した。その間、私は他のことはともかく、「日本的情況を見くびらない」ということについては一度も気を緩めたことがない。合気道と能楽を稽古し、聖地を巡歴し、禊行を修し、道場を建て、祭礼に参加した。それが家族制度であれ、地縁集団であれ、宗教儀礼であれ、私は一度たりともそれを侮ったことも、そこから離脱し得たと思ったこともない。それは私が「日本的情況にふたたび足をすくわれること」を極度に恐れていたからである。近代日本の知識人を二度にわたって陥れた「ピットフォール」にもうはまり込みたくなかった。

そういう恐怖心に駆動された生き方が果たして市民として誠実なものだったのか、あるいは学問的に生産的なものだったのかどうか、私には自信がない。でも、古希近くになって「お前はただ幻影を恐れていただけだ。お前の足をすくうような『日本的情況』など実はどこにもなかったのだ」と言われても、今さらもうどうしようもない。

今回、間接直接に天皇制をめぐって書かれたいくつかのエッセイを集めて一篇にまとめることになった。これらを一読して私を「還暦を過ぎたあたりで急に復古的になる、よくあるタイプの伝統主義者」だと見なして、本を投げ捨てる人もいるかも知れない。たぶん、いると思う。こういう本を編めば、そういうリスクを伴うことはよく承知している。

けれども、長く生きてきてわかったのは、天皇制は（三島が言うように）体制転覆の政治的エネルギーを蔵していると同時に、（戦後日本社会が実証してみせたように）社会的安定性を担保してもいるということである。天皇制は革命的エネルギーの備給源でありかつステイタス・クオの盤石の保証人であるという両義的な政治装置だ。私たち日本人はこの複雑な政治装置の操作を委ねられている。この「難問」を私たちは国民的な課題として背負わされている。その課題を日本国民はまっすぐに受け入れるべきだというのが私の考えである。「はじめに」にも記した通り、ある種の難問を抱え込むことで人間は知性的・感性的・霊性的に成熟する。天皇制は日本人にとってそのようなタイプの難問である。

ここに採録したのは、その難問をめぐる思索の一端である。それが有用な汎通的知見を含んでいるかどうか、私には自信がない。せめて1950年生まれの一人の日本人が「天皇制的情況」とどう向き合ってきたのか、その民族誌的資料の一つとして読んで頂ければ私としては十分である。

最後になったが、ここに採録した文章を書くきっかけを与えてくれたすべての媒体の編集者の皆さんと、今回単行本化の労を取ってくれた東洋経済新報社の渡辺智顕さんに心から お礼申し上げたい。

2017年7月

内田　樹

初出一覧

I

死者を背負った共苦の「象徴」

私が天皇主義者になったわけ（『月刊日本』２０１７年５月号）
改憲のハードルは天皇と米国だ（『週刊金曜日』２０１６年９月２日号）
天皇の「おことば」について（ブログ「内田樹の研究室」２０１６年12月23日）
天皇制、いまだ形成過程（『信濃毎日新聞』２０１６年12月13日）
「民の原像」と「死者の国」（ブログ「内田樹の研究室」２０１７年１月15日）
「天皇制」と「民主主義」（『GQ JAPAN』２０１６年10月号）
安倍季昌さんと会う（ブログ「内田樹の研究室」２００９年７月２日）
僕が天皇に敬意を寄せるわけ（『GQ JAPAN』２０１５年９月号）

II

憲法と民主主義と愛国心

「大衆」の変遷（『文學界』２０１４年８月号）
山本七平『日本人と中国人』の没解説（ブログ「内田樹の研究室」２０１６年８月26日）
陸軍というキャリアパスについて（ブログ「内田樹の研究室」２０１３年１月30日）

対米従属国家の「漂流」と「政治的退廃」(『サンデー毎日』２０１７年６月18日号)
国を愛するとはどういうことなのか(ブログ「内田樹の研究室」２００８年３月30日)
改憲草案の「新しさ」を読み解く――国民国家解体のシナリオ(ＴＢＳ『調査情報』５１２号［２０１３年５月１日］)
「安倍訪米」を前にした内外からのコメント――Japan Timesの記事から(ブログ「内田樹の研究室」２０１５年４月14日)
歴史と語る(『北海道新聞』２０１５年８月13日)

III

物語性と身体性

忠臣蔵のドラマツルギー(ブログ「内田樹の研究室」２０１２年５月２日)
世阿弥の身体論(ブログ「内田樹の研究室」２０１６年12月24日)
武道の必修化は必要なのか?(ブログ「内田樹の研究室」２００７年９月６日)
いつかどこかで。ヒーローたちの足跡。山岡鐵舟(FREE MAGAZINE AUTUMN/WINTER 2015 ISSUE 2［２０１５年９月15日］)
［特別篇］海民と天皇(書き下ろし)
「日本的情況を見くびらない」ということ――あとがきにかえて(書き下ろし)

【著者紹介】

内田 樹（うちだ たつる）

1950年生まれ。思想家、武道家、神戸女学院大学名誉教授、凱風館館長。著書に『ためらいの倫理学』（角川文庫）、『寝ながら学べる構造主義』（文春新書）、『死と身体』（医学書院）、『街場のアメリカ論』（NTT出版）、『私家版・ユダヤ文化論』（文春新書、第6回小林秀雄賞受賞）、『街場の中国論』『街場の戦争論』（ミシマ社）、『日本辺境論』（新潮新書、新書大賞2010受賞）、『呪いの時代』（新潮社）、『街場の共同体論』（潮出版社）、『街場の憂国論』『日本の覚醒のために』（晶文社）、『属国民主主義論』（白井聡氏との共著、東洋経済新報社）など多数。2011年4月に多ジャンルにおける活躍を評価され、第3回伊丹十三賞受賞。

街場の天皇論

2017年10月19日　第1刷発行
2017年11月13日　第2刷発行

著　者――内田　樹
発行者――山縣裕一郎
発行所――東洋経済新報社
〒103-8345　東京都中央区日本橋本石町 1-2-1
電話＝東洋経済コールセンター　03(5605)7021
http://toyokeizai.net/

ブックデザイン……竹内雄二
ＤＴＰ……………アイランドコレクション
印刷………………図書印刷
編集担当…………渡辺智顕

　ISBN 978-4-492-22378-9